CONFESSIONS

D'UN

BOHÊME

PAR

XAVIER DE MONTÉPIN.

I

PARIS
ALEXANDRE CADOT, ÉDITEUR,
32, RUE DE LA HARPE.
—
1849

CONFESSIONS D'UN BOHÈME.

Ouvrages de Xavier de Montépin.

Les Chevaliers du Lansquenet . . . . . 10 vol.
Les Viveurs d'autrefois . . . . 4 vol.
Pivoine . . . . 2 vol.
Les Amours d'un Fou . . . . 4 vol.

Sous presse.

Brutus Leroy.
Les Étudiants de Paris.
Les Oiseaux de nuit.
Le Roman de la vie.
Gabriel.
Cyrano de Bergerac.

Ouvrages d'Alexandre Dumas fils.

La Dame aux camélias . . . . 2 vol.
Aventures de quatre femmes . . . . . 6 vol.
Le docteur Servans . . . . 2 vol.
Le Roman d'une femme . . . . 4 vol.
Césarine . . . . 1 vol.

Sous presse.

Diane de Lys.
Les Amours véritables.

Impr. de E. Dépée, à Sceaux (Seine).

CONFESSIONS

D'UN

BOHÊME

PAR

XAVIER DE MONTÉPIN.

I

PARIS
ALEXANDRE CADOT, ÉDITEUR,
32, RUE DE LA HARPE.

1849

INTRODUCTION.

LE MARCHÉ DE LA CONFESSION.

Tous les Parisiens, pour peu que la nature ou l'éducation les ait fait observateurs, se sont étonnés plus d'une fois en leur vie de rencontrer sur leur chemin quelqu'un de ces hommes dont l'existence est un problème perpétuel, et qui, gentilshommes sans aïeux et riches sans un sou vaillant, s'attribuent, conjointement avec

Messieurs les Gentlemen-Riders, suzerains du Jockey-Club, la flatteuse royauté du boulevart des Italiens; et là, depuis les marches du café de Paris ou le perron de Tortoni, laissent tomber chaque soir, sur la foule étonnée et ravie, leurs plus impertinents clins-d'yeux et la vapeur aristocratique et dédaigneuse de leurs panatellas.

D'où viennent les blasons de ces beaux gentilshommes?

Chérin et d'Hozier, d'héraldique mémoire, n'auraient point su le dire.

Sur quelles bases solides repose leur fortune?

Personne ne le sait.

Il n'y a pas sous le ciel deux pouces de terre qui leur appartiennent.

Nul agent de change ne joue pour eux sur le tapis vert de la Bourse le grand lansquenet de la *hausse* ou de la *baisse*.

Enfin, les agents du Trésor n'ont jamais payé pour leur compte le moindre semestre de rentes sur l'État.

Ont-ils une industrie?

Allons donc!

De si parfaits seigneurs ne se compromettraient pas volontiers aux choses du commerce.

Et cependant ils mènent grand train. — La vie dorée garde pour eux ses plus *chères* délices, et leur luxe de chaque jour atteste aux regards éblouis une inépuisable opulence.

Que sont donc ces gentilshommes?

Ces gentilshommes sont des Bohêmes.

A propos du dernier mot que nous venons d'écrire, qu'on nous permette quelques lignes d'indispensables commentaires.

Au moyen-âge, on nommait *Bohêmes* les membres de ces peuplades errantes qui parcouraient le monde, et qui n'avaient ni lois, ni patrie, ni familles, ni religions.

Partout honnies, persécutées partout, ces aggrégations nomades soulevaient à la fois sur leur passage le mépris et la terreur, — et c'était justice, car, outre les déprédations fréquentes dont elles se rendaient coupables, elles monopolisaient tous les honteux métiers, toutes les industries ténébreuses ou malfaisantes.

Astrologues et nécromans, magiciens

et sorciers, ces *Bohêmes* prétendaient que ni le passé ni l'avenir n'avaient pour eux de secrets impénétrables, et que leurs regards profonds et prophétiques lisaient les pages futures du livre des destins, aussi facilement que les pages déjà pleines et déjà tournées.

Ils savaient composer, et vendaient à prix d'or, les philtres qui font aimer et les poisons qui font mourir.

Ils prostituaient au plus offrant les filles de leur caste, et mettaient volontiers leurs couteaux au service de toutes les vengeances.

La promiscuité de leurs amours rendait pour eux la paternité et la filiation incertaines; — ils ignoraient le lieu de leur naissance, et le plus souvent (quand le hasard les volait au gibet), on trouvait au fond des bois ou dans le creux de quelque fossé leurs ossements épars et blanchis.

Le Bohème de nos jours offre avec son homonyme des temps passés, une frappante analogie.

Aujourd'hui, comme jadis, en effet, sa vie est enveloppée de mystérieuses ténèbres.

Maintenant, comme autrefois, il mène une existence étrange, — toute de contrastes et d'alternatives, — coupée d'ombres et de lumières comme une eau forte de Rembrand, — accidentée de luttes énergiques contre la société et contre les lois qui la régissent, — semée de scènes bizarres et de drames inconnus.

Guzman d'Alfarache et Lazarille du dix-neuvième siècle, — enfant perdu de ce grand Paris, où tous les vices ont des temples et toutes les mauvaises passions des autels et des pontifes, *le Bohême* exploite, avec une dangereuse adresse, les mauvais côtés de l'humanité.

Pour arriver à ce résultat, il sait prendre toutes les formes, se plier à tous les hasards, changer sans cesse de masque et de livrée.

Parfois, — s'il est vraiment habile, — il vient à bout de tromper le monde qui l'accepte pour un instant.

Alors il est brillant et fier.

Il est ganté de paille et chaussé de vernis.

Il a des chevaux, — des maîtresses, — de l'or.

Demain, peut-être, il ne restera pas pierre sur pierre de l'édifice menteur si laborieusement construit.

Le *Bohême*, alors, devra mettre en œuvre pour obtenir un dîner de *dix-huit sous*, les mêmes rouéries transcendantes qui lui donnaient hier un coupé et une stalle au théâtre Italien.

Seulement, le repas de *dix-huit sous* sera plus difficile à trouver que le souper de *dix-huit louis*.

Or, depuis que je tiens, bien ou mal, la plume du romancier, et que je *noircis* du papier blanc avec de l'encre bleue, j'ai constamment souhaité me trouver en position de dévoiler dans un livre quelques péripéties de ces existences singulières, tantôt dorées et tantôt misérables, — tantôt joyeuses et tantôt sinistres,—rarement inoffensives et parfois audacieusement criminelles.

Il me semblait (et je le pense encore), que, puisque de nos jours le Bohême a mis le pied partout, — puisqu'on le rencontre dans les salons et dans les boudoirs, — dans les clubs et dans les tripots, — tour à tour industriel ou marquis, — espion ou littérateur, — journaliste ou millionnaire, — il y aurait un intérêt puissant à suivre un héros sur ce terrain multiple, dont les aspects changeants permettent d'envisager la vie parisienne sous ses faces les moins explorées.

Mais comment faire?

Un livre semblable ne s'improvise guère et ne s'invente pas.

Il fallait donc, — à défaut de matériaux nécessaires, — attendre l'aide du hasard, — cet inépuisable et bienveillant collaborateur.

J'attendis.

Et le hasard, — invraisemblable comme un dénoûment de vaudeville, — vint à mon aide à point nommé.

Voici dans quelles circonstances :

§

Depuis bien des années, je rencontrais de temps à autre un homme dont l'apparence excentrique attirait mon regard et captivait mon attention.

La taille haute et droite de cet homme,

ses membres robustes et sa démarche ferme, semblaient attester la force et la verdeur, tandis qu'au contraire les rides profondes creusées sur son visage flétri et pour ainsi dire avachi, dénotaient la vieillesse et l'épuisement.

Ses cheveux, épais et naturellement bouclés, blanchissaient autour des tempes, tandis qu'au sommet de la tête ils restaient aussi noirs que l'aile du corbeau.

Ses traits avaient été beaux sans doute, avant d'être déformés par les chagrins, les passions, ou les vices, car leur coupe était d'une grande correction, et d'une parfaite régularité.

Le front, luisant comme de l'ivoire jauni, ne manquait ni d'ampleur, ni d'élévation.

Les yeux, largement fendus et enchâssés dans une profonde arcade sourcillière, brillaient d'un vif éclat quand ils perdaient leur habituelle expression de cynisme et d'abrutissement.

Le désarroi complet et la repoussante malpropreté du costume de ce personnage, disaient tout un poëme de misère et d'incurie.

Durant l'été, l'individu dont je viens de crayonner la silhouette, disparaissait complètement.

Mais, chaque jour, en hiver, quand le temps était beau et quand les rayons, presque tièdes, du soleil de midi, tombaient d'aplomb sur l'asphalte du boulevart, il se promenait lentement pendant une heure ou deux en face de la double issue du passage de l'Opéra, descendant et remontant sans cesse dans l'espace étroit compris entre la rue Grange-Batelière et la rue Lepelletier.

De la main droite il tenait une grosse canne de jonc, et, tout en marchant, il fumait une courte pipe de terre, amplement culottée.

Eh bien! à travers la brume opaque de mes souvenirs lointains et confus, il me semblait parfois que, jadis, j'avais vu le même homme, non pas misérable et abject comme aujourd'hui, mais élégant et riche, entraîné par une voiture rapide dans la grande avenue des Champs-Élysées ou parmi les allées ombreuses du bois de Boulogne.

Je le revoyais encore, souriant aux jolies promeneuses qui lui répondaient par de vives œillades, — et comptant parmi les plus fidèles habitués du balcon de l'Opéra.

Sans doute c'était une illusion...

Et pourtant, comme tout ce qui est invraisemblable a pour moi des charmes singuliers, j'échafaudais dans mon esprit les suppositions les plus extravagantes : — j'aimais mieux croire à un drame ou à un mystère qu'à l'explication toute prosaïque, de quelque fortuite ressemblance, et, sans savoir pourquoi, je m'intéressais à mon héros déguenillé, comme à l'un de ces personnages, imaginaires et cependant réels, qu'enfante le génie de Balzac ou de Dumas.

Mes incertitudes, mes romans impromptus et mes rêves incohérents devaient avoir un terme.

Vers la fin du mois de mai dix-huit cent quarante-huit, — peu de jours après l'échauffourée révolutionnaire qui fera du 15 mai une date historique, — je rentrais dans la maison que j'habite et j'allais poser le pied sur la première marche de l'escalier, quand j'entendis mon portier dire avec une certaine vivacité à un individu que je ne voyais que par derrière :

— Encore une fois, mon brave homme, je ne puis pas vous laisser monter, puisque je vous dis qu'il est sorti depuis ce matin.

Je passais, — sans me douter qu'il pût être question de moi, — quand le concierge ajouta :

— Tenez, le voilà qui rentre.

A ces mots je me retournai.

L'interlocuteur de mon portier en fit autant.

Alors, et avec un étonnement plus facile à comprendre qu'à exprimer, je me trouvai face à face avec l'homme étrange qui servait habituellement de thême aux fioritures de mon imagination.

Ce visiteur me salua, — fit glisser dans sa poche la courte pipe que jusque là il n'avait point quittée, et me dit avec la plus parfaite aisance :

— C'est bien à M. de *** que j'ai l'honneur de parler ?

— Oui Monsieur.

— Seriez-vous assez parfaitement bon

pour m'accorder un entretien de quelques minutes.....

Et comme je semblais hésiter, il ajouta :

— Il s'agit d'une chose qui, je le crois, aura pour vous un certain intérêt.

— Veuillez me suivre, Monsieur.

Il s'inclina et nous montâmes.

Arrivés chez moi, j'avançai un siége à l'inconnu, je m'assis moi-même en face de lui et j'attendis qu'il jugeât convenable de m'expliquer les motifs de sa visite.

Pendant une minute environ, il s'occupa à régulariser avec une certaine coquetterie les masses grisonnantes de ses cheveux bouclés, et à lisser les poils touffus de sa moustache épaisse et longue.

Ceci me donna le temps de l'examiner avec attention et de me rendre compte, mieux que je n'avais pu le faire jusqu'alors, des détails de son costume.

Au mois de mai, et par la chaleur africaine dont se souviennent, hélas! les légions de la garde nationale parisienne, il portait une longue redingote en alpaga, jadis blanc.

Cette redingote, hideusement maculée de taches de toutes les natures, était bigarrée, çà et là, par des pièces de toutes les couleurs, grossièrement rapportées, et les capsules éraillées et béantes de la plus grande partie des boutons s'effrangeaient veuves de leurs moules.

Une énorme épingle, joignant étroitement à la naissance du cou les deux revers supérieurs de ce vêtement affreux, forçaient l'étoffe graisseuse et luisante à adhérer à un vieux col en crinoline.

La poche gauche de la redingote était gonflée, — outre mesure, — par quelque volumineux objet.

Le pantalon, d'une étoffe et d'une nuance indescriptibles, s'ajustait, par des *sous-pieds* en ficelle, à des souliers jadis vernis, mais maintenant éculés de façon lamentable et laissant entrevoir l'absence de chaussettes par leurs crevasses larges et souriantes.

Que dire du chapeau?

Rien, — sinon, qu'un chiffonnier n'aurait pas voulu le ramasser dans la rue, de peur de *salir*, par son contact, la couleur de sa hotte.

Cette toilette inouie jurait complètement avec l'attitude de mon visiteur qui, confortablement établi dans un bon fauteuil, paraissait beaucoup moins embarrassé de sa personne que je ne l'étais de la mienne et semblait se trouver parfaitement à sa place.

Enfin il se décida le premier à rompre le silence.

— Monsieur..... — me dit-il d'un ton leste et cavalier.

— Monsieur? — répondis-je, en donnant à ce mot une accentuation interrogative.

— Je manque absolument d'argent, — poursuivit l'inconnu.

—Ah! diable!!

— C'est comme j'ai l'honneur de vous le dire.

A ce début, je crus comprendre que j'étais en présence de l'un de ces mendians à domicile qui sont une plaie de Paris, et dont il est impossible de se débarrasser avant d'avoir satisfait à leur requête.

Je coulai donc une main dans ma poche, j'y pris une pièce de cent sous et je la présentai à mon visiteur.

Il la reçut du bout des doigts, — la regarda curieusement, — la tourna et la retourna, — l'examinant sous toutes les faces, comme il eût fait d'une médaille antique ou d'un objet d'art.

— Qu'est-ce que c'est ça? — me demanda-t-il enfin, après quelques secondes de cet impertinent manége.

— Ça! — mais c'est cinq francs, — répondis-je avec une stupéfaction croissante et un commencement d'irritation.

— Et, que voulez-vous que j'en fasse?

— Ma foi, ce que vous voudrez!... cette somme est minime sans doute, cependant par le temps qui court, je dois vous déclarer qu'il m'est tout-à-fait impossible de faire davantage, ainsi donc...

Le visiteur m'interrompit.

— Je vois ce que c'est, — fit-il avec un petit rire goguenard et en se renversant dans son fauteuil, — vous vous êtes imaginé que j'étais un *quémandeur* ambulant!.. — n'est-ce pas, mon cher Monsieur, que vous vous êtes figuré cela?

— Oui, sans doute... .

— Erreur! — Complète erreur! — Profonde erreur!!

— Ah!

— Je compte bien que vous me donnerez de l'argent, — c'est vrai, — c'est exact, — mais j'en veux plus que ça...... et je prétends le gagner.

— J'avoue que je ne comprends pas très bien......

— Je vais m'expliquer.

— Vous me ferez plaisir.

Et tout en parlant, je regardais la pendule.

Mon interlocuteur suivit le mouvement de mes yeux et ajouta aussitôt comme pour me rassurer :

— Soyez tranquille, je serai bref.

— Tant mieux.

— Je vais droit au fait. — Vous êtes homme de lettres, Monsieur?....

— On le dit.

— J'ai lu quelque chose de vous, et je vous assure que ça ne m'a point paru mal. — Oui, ça m'a fait plaisir, et je crois en vérité que vous pourrez réussir.....

— Vous êtes bien bon.

— Non, je dis ce que je pense, voilà tout, — et, quoique mon costume actuel puisse vous sembler incorrect, croyez-moi, je ne manque, ni de goût, ni de lumières.

— Enfin, Monsieur, à quoi voulez-vous en arriver?

— A ceci, — je vous propose ma collaboration.

Je ne pus contenir un mouvement de surprise, et je m'écriai :

— Votre collaboration!!

— Oui, Monsieur, ma col-la-bo-ra-tion.

Et il appuya carrément sur chacune des syllabes de ce dernier mot.

— Cette proposition est bien flatteuse, aussi je regrette infiniment d'être obligé de la décliner.....

— Décliner ma proposition! et pourquoi?

— Pour plusieurs raisons.

— Lesquelles?

— Des engagements pris avec mon éditeur, etc., etc.....

— Il ne s'agit que de s'entendre, mon cher Monsieur, — je n'ai nul amour-propre, et je ne tiens pas le moins du monde à voir mon nom briller sur la couverture d'un in-octavo, — je veux vous vendre un livre dont vous ferez ce que vous voudrez, — voilà tout.

— Je ne puis pas accepter cette offre plus que l'autre, — quoique je ne sois que bien peu riche de mon propre fonds, j'ai cependant plusieurs ouvrages annoncés, — et il m'est impossible, absolument impossible de songer à entreprendre une publication nouvelle.

Mon interlocuteur n'insista point.

Il se leva, et, tout en me saluant, il ajouta

seulement : — je suis fâché, Monsieur, de ne pouvoir conclure cette affaire avec vous, — parole d'honneur, vous me plaisiez et j'aurais vu, sans chagrin, l'immense succès de notre œuvre commune profiter à votre jeune renommée...

Cette phrase renoua malgré moi la conversation.

Le colossal amour-propre qui débordait dans les paroles que je venais d'entendre, me sembla d'une telle outrecuidance et d'un si prodigieux ridicule que je ne pus m'empêcher de répondre :

— Vous parlez d'un *succès immense,* Monsieur, et cela dans un temps où les succès sont à peu près introuvables ! — Ah çà ! vous croyez donc avoir fait un chef-d'œuvre ?

— Pas le moins du monde, mais comme j'écrivais sous la dictée de faits accomplis, — comme je retraçais des scènes d'une vérité étrange, — comme je révélais quelques-uns des aspects inconnus d'un monde que vous croyez connaître, — j'ai fait un livre bizarre et curieux, ce qui, de nos jours, vaut mieux qu'un chef-d'œuvre pour arriver au succès.....

Ceci était inconstablement vrai, — par malheur!

Je repris :

— C'est d'un roman qu'il s'agit sans doute?

— Non.

— De *Mémoires* alors ?

— Oui.

— Historiques ?

— Authentiques du moins.

— Les vôtres ?

— Les miens.

— Mais vous-même, Monsieur, qui êtes-vous donc ?

— A quoi bon vous le dire, puisque vous repoussez mes offres ?

— Soyez juste, — ai-je une seule raison pour les accepter ?

— Vous en avez cent.

— Si l'œuvre dont vous me parlez avait, — à vos propres yeux — une réelle valeur, — n'auriez-vous point tâché de l'éditer pour votre compte ?

L'inconnu haussa les épaules.

Je poursuivis :

— Est-ce à moi, du moins, que vous l'auriez apportée, à moi presque nouveau venu dans le monde littéraire? — n'auriez-vous pas cherché plutôt le patronage de quelqu'un de ces hommes qui sont arrivés, par le talent, à la popularité?

— Eh! non pardieu, je n'aurais pas fait cela! — je m'en serais bien gardé!

— Pourquoi?

— Parce que ces hommes qui sont dix fois plus haut que vous, m'auraient nécessairement accueilli avec un dédain dix fois plus absolu que le vôtre. — Et c'est tout simple, ils n'ont besoin ni de moi, ni de mon livre, puisqu'ils sont arrivés..... — Je pensais que vous au contraire, vous dont le nom, obscur encore, commence cependant à poindre, vous auriez le bon sens de ne pas refuser une proposition de laquelle dépend peut-être votre avenir de romancier..... — Ce n'est pas votre avis, — n'en parlons plus. — J'ai l'honneur de vous saluer.

L'inconnu fit deux pas vers la porte.

Ce qui précède avait excité si vivement ma curiosité que je l'arrêtai en lui demandant :

— Mais enfin, qu'est-ce que ce livre?

— Vous voulez en savoir le titre?

— Oui.

— Je veux bien vous le dire, mais.....

— Mais quoi?

— Vous me donnerez un louis.

— Par exemple, voilà qui est fort !

— C'est comme ça.

— Un louis pour un titre ! — y songez-vous ?

— Très bien. — Mon titre indique l'idée de mon livre, et, rien que sur les quatre mots qui le composent vous pourriez bâtir dix volumes. — Notez bien d'ailleurs que je ne vous force point, — c'est à prendre ou à laisser.

Une voix intérieure me cria d'accepter ce marché bizarre.

Je tendis une pièce de vingt francs à mon interlocuteur.

En même temps il tirait de sa poche l'énorme rouleau de papiers qui la gonflait, dénouait la ficelle qui cerclait ce volumineux manuscrit et me présentait la première feuille.

Au milieu de cette feuille étaient tracés en gros caractères ces mots :

CONFESSIONS D'UN BOHÊME.

— Ah ! — m'écriais-je.

L'inconnu n'avait point exagéré.

Ce titre seul m'ouvrait des horizons inconnus et me ramenait dans le tourbillon de ces idées, — séduisantes pour moi, — — dont j'ai entretenu mes lecteurs au commencement de cette introduction.

L'impression produite n'échappa point

à mon visiteur, qui se sentant à peu près maitre du terrain me regarda d'un air triomphant, — puis reprit la feuille qu'il avait mis sous mes yeux, la joignit à ses compagnes et se mit à reficeller le manuscrit.

— Ecoutez, — lui dis-je.

— J'attends.

— Peut-être pourrons-nous nous entendre.

— Ah! ah! — fit-il à son tour — vous croyez?

— Oui, peut-être, — mais pour cela faire, il est indispensable que vous me laissiez votre manuscrit pendant vingt-quatre heures.....

— Mon manuscrit.....

— Oui, — je veux le parcourir.

— Soit, — à une condition pourtant.

— Laquelle ?

— Je vais en agir avec vous, comme font certains dramaturges illustres, à l'endroit de ce pauvre théâtre Français, — je veux une prime..... *avant lecture.*

— Combien vous faut-il ?

— Cent francs.

— Diable !

— Vous n'aurez pas tourné dix pages que vous trouverez que j'ai fait un marché de dupe... — D'ailleurs, vous laisser lire mon manuscrit, c'est un acte de confiance que je ne *commettrais* pas, soyez-en sûr, avec tous vos confrères.

— Et, si je me décide, — *après lecture* — à acheter ces mémoires, quelles seront vos prétentions ?

— Modestes... fort modestes... trop modestes...

— Mais encore ?

— Cinq cents francs, une fois payés, — en dehors bien entendu des cent vingt francs que vous m'avancez aujourd'hui...
— C'est pour rien, mais que voulez-vous, les temps sont durs, et avec votre argent j'aurai bien des petits verres, bien des pipes de tabac, et autre chose encore.....

Un sourire intraduisible m'expliqua ce que mon visiteur entendait par ces mots : *autre chose.*

— J'accepte. — Voici cent francs. —

Revenez demain à la même heure et si je vois moyen de tirer bon parti de votre travail, nous terminerons immédiatement.

—A demain donc, Monsieur, et permettez-moi de vous adresser mes très sincères compliments, car, sans vous en douter, vous venez de conclure une bien belle affaire.

Cela dit, *le Bohême* me quitta en me laissant son adresse, tracée à la plume sur le revers d'une carte à jouer, — l'*As de cœur*.

Cette adresse était ainsi conçue :

Le vicomte Louis Raphaël,

17, *rue de la Grande-Truanderie.*

§

La publication du livre que vous avez entre les mains, cher lecteur, vous prouve que la réponse promise à mon bizarre collaborateur fut affirmative.

J'avais lu le manuscrit tout entier.

J'y avais trouvé des situations étranges, — des épisodes excentriques, — des peintures d'une couleur effrayante, — des scènes empruntées à des mœurs, dont jusqu'alors je ne m'étais fait aucune idée, — et je m'étais aussitôt décidé à fouiller dans ce cahos de matériaux, précieux mais confusément entassés, et à emprunter à l'œuvre originale, son titre, — sa donnée générale,— ses enseignements, et ses détails caractéristiques.

Puissé-je, — dans mon humble travail d'*arrangeur*, — avoir conservé le vigoureux cachet et l'intérêt puissant et soutenu des vrais récits du vieux Bohême.

Je le souhaite plus que je ne l'espère.

Deux mots en terminant.

Si, dans les trop longues pages qui précèdent, je me suis mis en scène, — je l'ai fait à regret, croyez-le, — mais j'ai cru le devoir pour expliquer à mes lecteurs par quel concours de circonstances fortuites, j'avais pu m'initier aux mystères, — aux amours, — aux luttes, — aux splendeurs, et aux misères, de l'étrange vie bohémienne.

PROLOGUE.

UN DRAME EN FAMILLE.

I

UN INTÉRIEUR

Le dix-huitième siècle venait de finir.

La Terreur avait fui, laissant derrière elle, pour marquer son passage, une longue traînée de sang et de boue.

Robespierre, — ce tigre à face humaine que quelques misérables voudraient diviniser aujourd'hui, — avait porté sa tête sur ce même échafaud auquel il avait si longtemps envoyé de si nobles victimes.

On pouvait désormais, — sans courir à une mort certaine, — pleurer l'infortuné Louis XVI, l'homme juste et le roi martyr.

Enfin le général Bonaparte, — déjà nommé premier consul, — préludait glorieusement à l'Empire par le retentissement homérique de ses victoires en Italie et par le traité de Lunéville qui faisait, pour un moment, de la France et de l'Autriche deux nations amies.

Notre beau pays respirait et songeait à laver dans un bain de gloire les souillures de son bain de sang.

C'est à cette grande époque, c'est-à-dire durant les premiers jours du mois de janvier 1803, que commence notre récit.

§

Vers le milieu de la rue de Grenelle-Saint-Germain existait alors un magnifique hôtel aujourd'hui détruit.

Les bâtiments de cette demeure seigneuriale s'élevaient entre une cour immense et un jardin grand comme un parc, — un de ces jardins qui faisaient dire à Boileau :

« Paris est pour le riche un pays de cocagne,
« Au milieu de la ville il trouve la campagne..... »

Un toit d'ardoises, — pourvu de girouettes armoriées, et flanqué de clochetons aigus à ses extrémités, — surmontait les deux étages du principal corps de logis.

A droite et à gauche de la cour se trouvaient des écuries et des remises propres à contenir vingt-cinq chevaux et à renfermer dix voitures.

Enfin, — au fronton de la porte d'honneur à laquelle il servait de couronnement, — se voyait un écusson splendide nouvellement ciselé dans la frise, car le cartouche qui, précédemment, contenait les mêmes armes, était tombé, durant les orages terroristes, sous le marteau *égalitaire* de messieurs les sans-culottes.

Ce magnifique hôtel appartenait à l'un des plus grands seigneurs de France, — le marquis de Froid-Mantel de Basseterre.

Huit heures du soir venaient de sonner à une pendule du style *rocaille* le plus pur, — pendule placée sur la cheminée en marbre blanc d'un très petit salon du premier étage de l'hôtel.

Ce salon, — blanc et or, avec un plafond en coupole et peint à fresque, — était surabondamment orné de toutes ces futilités luxueuses qui témoignent d'une fortune immense.

Une table ronde, — en vieux laque, — installée auprès du foyer, supportait une lampe dont un large abat-jour vert atténuait les clartés trop vives.

Le plus profond silence régnait dans cette pièce, quoique trois personnes s'y trouvassent au moment où nous venons d'y pénétrer nous-mêmes.

D'abord, à droite et à gauche de la cheminée, et assis dans des fauteuils de forme antique, blasonnés à outrance, on voyait deux vieillards.

L'un d'eux, — le marquis de Basseterre, — enveloppé dans une épaisse douillette de soie grenat dont le revers gauche était *illustré* des décorations de quatre ou cinq ordres militaires, appuyait sur un coussin mollement rembourré son pied gauche entouré de flanelles, et lisait le *Mercure de France* avec une profonde attention.

Autant que permettaient de le conjecturer l'affaissement de son attitude et l'ampleur de son vêtement, le marquis était un homme de haute taille et de robuste carrure.

Sa figure expressive et martiale, aux traits fortement prononcés et empreints d'une distinction et d'une noblesse re-

marquables, se couronnait d'une forêt de
beaux cheveux blancs dont les reflets d'argent formaient un vigoureux contraste
avec des sourcils aussi noirs et aussi touffus que ceux d'un jeune homme.

Son menton, soigneusement rasé, froissait une cravatte blanche garnie de dentelles.

Il tenait son journal de la main droite.

Sa main gauche, pendante à côté de son siége, caressait distraitement les longues soies d'un petit chien griffon, couleur de neige, qui faisait au moindre mouvement frissonner les grelots sonores de son collier de velours rouge.

Ce griffon s'appelait *Bijou*.

La marquise de Basseterre, — assise en

face de son mari, de l'autre côté du foyer, — croisait ses deux mains sur ses genoux, dans une complète inaction.

La marquise était belle encore, mais telles étaient sa pâleur et la complète immobilité de ses traits, qu'il n'eût point été facile de distinguer, tout d'abord, l'épiderme mat de son visage, des boucles de ses cheveux blancs, et des flots de blanches dentelles qui servaient de cadre à l'ovale maigri de sa figure.

Son regard, morne et sans chaleur, se perdait dans le vague, avec une obstination singulière.

Ses prunelles noires, — largement dilatées, — ne semblaient point refléter la double lumière de la lampe et du foyer.

Hélas ! — Et c'était vrai !

La marquise était aveugle. —

Enfin, la troisième personne, — assise un peu en arrière, au bord de la table ronde, — était une jeune fille qui, muette et pensive, travaillait avec une fébrile vivacité à un ouvrage de tapisserie.

Cette jeune fille, — Louise de Basseterre, — unique enfant des deux vieillards, — était douée d'une beauté angélique.

Sans doute, on aurait pu rencontrer des traits plus réguliers et d'une plus irréprochable coupe.

Mais, ce qui ne se pouvait surpasser, c'était l'admirable pureté de sa carnation.

C'était l'éclat demi voilé de ses grands yeux bleus, frangés de longs cils noirs.

C'était l'opulence de sa chevelure brune

et soyeuse dont les reflets avaient le doux éclat du velours.

C'étaient enfin l'élégance et la rondeur gracieuse des contours de son buste, dont le costume du temps emprisonnait les formes sans parvenir à les défigurer.

Louise apportait à son travail cette attention toute machinale qui décèle une profonde préoccupation intérieure.

Sous ses doigts agiles, les fleurs reproduites sur le canevas se nuançaient des plus vives couleurs.

Mais, interrogée à l'improviste, la charmante brodeuse n'aurait point su dire, sans se troubler, si la tige qu'elle faisait naître supportait une rose éclatante, ou un pâle camélia.

A bien regarder ses yeux d'azur dont un léger cercle de bistre ombrait les paupières roses, — on aurait pu deviner bien des nuits d'insomnie, — bien des heures de veille et d'attente, — bien des traces de larmes peut-être.

Des larmes ! — pourquoi ?

Louise avait vingt ans.

Elle était belle.

Elle était riche.

Son vieux père en faisait son idole.

Sa pauvre mère aveugle, semblait retrouver, à force de tendresse, son regard d'autrefois pour la voir et pour lui sourire...

Et cependant Louise avait pleuré.

Louise tremblait.

Louise souffrait.

Dans cet intérieur si amplement pourvu de toutes les félicités que donnent la fortune et la naissance, — sous ce calme, en apparence si complet, y avait-il donc un drame?

Voilà ce que nous saurons bientôt.

Mais d'abord, disons en quelques mots quelle était la position de nos personnages, au moment où nous nous emparons d'eux pour les amener en scène.

Par un hasard étrange, et pour ainsi dire providentiel, le marquis de Froid-Mantel de Basseterre, très grand seigneur nous le répétons, n'avait souffert ni dans sa fortune, ni dans sa famille, par suite de la révolution de 89.

Cependant, — durant les saturnales terroristes, — il était allé, malgré son âge, comme le lui enjoignait son devoir de bon gentilhomme, rejoindre l'armée de Condé, et mettre son épée au service des Princes.

La marquise et sa fille étaient restées dans leur château de Basse-Normandie, — château qu'entouraient des forêts immenses, — que des chemins presqu'impraticables séparaient de toute ville, et où, d'ailleurs, l'affection et la reconnaissance de leurs ex-vassaux les auraient protégées contre toute insulte, — si une insulte avait été tentée.

Il n'en fut point ainsi, et quand, en avril 1802, Bonaparte déchira les décrets iniques qui proscrivaient les émigrés, — le marquis put rentrer en France et rejoindre tout ce qu'il aimait.

Un coup terrible l'attendait à son retour.

Une maladie longue et douloureuse avait rendue la marquise aveugle.

Cette triste nouvelle n'était point parvenue au marquis, pour lequel on ne voulait point aggraver les chagrins d'un exil volontaire.

Son désespoir fut amer et profond.

Puis, peu à peu, la douceur et la résignation de sa femme dont cette infirmité inattendue n'avait point modifié l'adorable caractère, — exercèrent sur lui-même une heureuse influence.

Il prit son parti.

Il résolut de passer en paix les dernières années que Dieu lui voudrait accorder, — et désormais il mit toute sa joie à prévenir les moindres désirs de la marquise, — à gâter sa fille Louise, — à soigner la goutte qui de temps en temps venait visiter son pied gauche, — à combiner savamment avec son maître-d'hôtel le menu délicat de ses quatre repas, — à deviner les énigmes du *Mercure de France*, et à caresser *Bijou*, le petit griffon blanc que nous connaissons.

Dans cette vie de famille, si calme et patriarchale, où donc, nous le demandons encore, — où donc trouver de la place pour un drame?

Et cependant..... — Mais, patience.

2

Le marquis n'était point revenu seul de l'émigration.

Il avait ramené avec lui un jeune homme, — Martial de Préaulx, dernier rejeton d'une famille noble et pauvre du midi de la France.

Monsieur de Préaulx le père, — du moins selon le dire de Martial, — était mort sur l'échafaud pendant la Terreur, laissant pour tout héritage à son fils un nom sans tache et un arbre généalogique inattaquable.

L'orphelin mis en relation, à l'armée de Condé, avec M. de Basseterre qui avait été pris en affection par ce dernier le sachant sans fortune, lui avait offert de se l'attacher en qualité de secrétaire.

Martial avait accepté cette proposition, — il habitait l'hôtel où on le traitait en enfant de la maison, et où son unique travail consistait à mettre au net et à recopier *les Mémoires* dont le marquis écrivait quelques pages chaque jour, — Mémoires destinés à retracer les galantes aventures de la jeunesse du vieux gentilhomme et les tendres faiblesses, à son endroit, des faciles beautés de la cour de Louis XV.

A titre d'*indemnité*, Martial recevait deux cents louis par an de M. de Basseterre. — Cette énorme rémunération, hors de toute proportion avec le labeur qui semblait la motiver, n'était, on le devine, qu'un secours déguisé.

Nous ne tarderons point d'ailleurs à faire avec Martial de Préaulx, plus ample connaissance.

II

LE VASE ROYAL.

Huit heures du soir, nous l'avons déjà dit, venaient de sonner à la pendule du petit salon.

Le marquis laissa tomber son journal en s'écriant avec vivacité :

— Au diable !

A cette exclamation, Louise tressaillit

et ses mains tremblantes lâchèrent la tapisserie qu'elles tenaient.

L'aveugle tourna vers son mari la prunelle ternie de ses yeux sans regard, et demanda d'une voix douce :

— Qu'y a-t-il, mon ami?

— Ce qu'il y a? — répondit le marquis, — il y a que depuis trente-cinq minutes je cherche en vain le mot du *logogryphe* du *Mercure*, — moi, qui d'habitude devine à la première vue les *énigmes* et les *charades* les plus compliquées! — il y a que ma goutte me fait horriblement souffrir, — il y a de plus que mon estomac est aux abois, — il y a enfin, que voici huit heures, que le vicomte de Labretonnais n'arrive point et que nous souperons je ne sais quand! — voilà, ma chère amie, voilà ce qu'il y a!!

Tandis que le marquis prononçait le nom du vicomte de Labretonnais, une rougeur ardente envahissait le front et les joues de la jeune fille, puis, à ce coloris instantané succéda presqu'aussi vite une pâleur effrayante.

M. de Basseterre ne remarqua ni l'un ni l'autre de ces symptômes significatifs.

Tout en achevant sa véhémente tirade, il avait pris sur la table ronde un sifflet en argent, et, l'approchant de ses lèvres, il en avait tiré à deux reprises différentes une vibration aiguë et prolongée.

A cet appel, un grand laquais, vêtu d'écarlate et galonné d'argent, apparut à l'une des portes du salon.

— Envoyez-moi Leblond, — dit M. de Basseterre.

Leblond était le maître-d'hôtel du marquis.

Le valet sortit.

Au bout d'une minute arriva le majordome. — C'était un homme de moyenne taille, épais comme une tonne, — et porteur d'un visage prospère, semé de nombreux rubis ; — il réunissait, on le voit, toutes les conditions physiques de l'important emploi d'officier de bouche dans une maison de premier ordre.

— Monsieur le marquis me fait l'honneur de m'appeler ? — demanda-t-il après un salut des plus solennels.

— Oui.

Le maître-queux s'inclina de nouveau et attendit.

— Je veux savoir, — dit alors M. de Basseterre, — je veux savoir si, comme je vous l'avais expressément recommandé, vous avez présidé *vous-même* à la mise en œuvre des perdreaux rouges, arrivés de Bourgogne avant-hier, — vous savez que les derniers étaient plus que médiocres..... grâce à mon cuisinier, que je serai forcé de changer.

— J'ai eu l'honneur d'exécuter les ordres de Monsieur le marquis, — répondit Leblond.

— Donnez-moi quelques détails, je vous prie.

— J'obéis. — Il y a quarante-huit heures,

montre en main, que j'ai fait farcir, sous mes yeux, les perdreaux en question, avec des truffes de Périgord, premier choix. — Au moment de mettre à la broche, c'est-à-dire il y a un quart-d'heure, ces premiers tubercules ont été enlevés et remplacés par des truffes fraîches, — de telle sorte que la chair sera imprégnée d'un double parfum, et que les truffes intérieures n'auront rien perdu de leur arôme. —

Le marquis fit de la tête un signe approbateur et ajouta :

— Vous avez aussi surveillé les *entrées* et les *petits-pieds?*

— Religieusement.

— Et tout le reste du menu, a, je le suppose, été soigné de même ?

— Je désire vivement que monsieur le marquis n'en doute pas.

— Fort bien. — Dites au sommelier de placer à côté de mon couvert une bouteille de vin de Porto, légèrement tiédi, et donnez l'ordre de servir sur table, aussitôt après l'arrivée de M. le vicomte, qui ne peut tarder maintenant.

Au moment précis où le maître d'hôtel quittait le salon, un laquais annonçait d'une voix retentissante :

— Monsieur le vicomte Raoul de Labretonnais.

— Faites servir ! — cria le marquis. — Puis il reprit en s'adressant au nouveau venu :

—Pardieu, mon cher Raoul, je commençais à m'impatienter..... Vous êtes presqu'en retard savez-vous, et, comme sa majesté Louis-le-Grand, j'allais pouvoir dire : — *J'ai failli attendre!*

Tandis que M. de Labretonnais présentait au marquis ses excuses empressées, on voyait de nouveau sur le beau visage de Louise ce brûlant incarnat suivi d'une soudaine pâleur, dont nous avons déjà parlé.

Le vicomte Raoul était un jeune homme de vingt-trois ans environ, mais qui ne semblait point en avoir plus de quinze ou seize.

Sa petite taille, — ses proportions mignonnes, — sa chevelure blonde, — ses joues roses, — toute sa personne enfin, enfantine et coquette, faisaient de lui le type le plus exact du joli page *Chérubin* dans *le Mariage de Figaro.*

Seulement une expression d'insurmontable timidité remplaçait, sur le front et dans les yeux du vicomte, l'amoureuse effronterie du délicieux page de Beaumarchais.

— En voilà assez, mon cher neveu, — dit M. de Basseterre en interrompant Raoul au milieu d'une phrase commencée laborieusement et difficilement achevée, — allez baiser la main de votre tante et celle de votre cousine, et dites-moi si vous avez lu le *Mercure,* et si vous avez deviné le mot de son énigme.

Le vicomte répondit négativement, puis il s'approcha de la marquise et lui baisa la main avec un affectueux respect.

Il voulut ensuite en agir de même avec Louise, mais quand il sentit les doigts charmants de la jeune fille trembler convulsivement sur les siens, il fut pris lui-même d'un trouble si complet qu'il ne put venir à bout d'approcher de ses lèvres la blanche main de sa cousine.

Le vieux marquis remarqua cette mutuelle émotion, — un sourire de joie intérieure vint s'épanouir sur sa bouche et il se dit, en s'applaudissant fort de sa perspicacité profonde :

—Ils s'aiment en vérité comme deux tourtereaux! — Par mes aïeux! voilà un mariage de convenance, qui ressemblera trait pour trait à un véritable mariage d'amour!

Cependant le souper était servi. — Deux

valets de pied vinrent soulever dans son fauteuil le marquis, que la goutte condamnait momentanément à l'inaction, et le portèrent dans la salle à manger.

Raoul donna le bras à madame de Basseterre, dont, avec une piété vraiment filiale, il guida les pas hésitants.

Louise les suivit par derrière, — les yeux mornes et le front baissé.

§

Quelques paroles, en forme d'à-parté, échappées au marquis et reproduites par nous, ont suffisamment fait comprendre à nos lecteurs qu'il y avait un projet de mariage arrêté entre la famille des Basseterre et celle des Labretonnais.

Raoul, — fils aîné de la sœur du marquis, — aimait passionnément Louise, sa cousine et sa fiancée, — mais, telles étaient sa timidité et sa défiance de soi-même, que jamais, jusqu'à cette heure, il n'avait osé parler de son amour à celle qu'on lui destinait, ni, à plus forte raison, implorer un tendre aveu.

Seulement, — et cela ne contribuait pas peu à redoubler ses appréhensions, — quand, dans son for intérieur, il se posait cette question terrible :

— Suis-je aimé ?

Un pressentiment, instinctif et sans cause apparente, le poussait à se répondre :

— Non ! — je ne suis pas aimé !

Aucun incident digne d'être relaté dans

ces pages ne vint interrompre le cours du souper de famille.

Disons seulement que les fameux perdreaux reçurent de M. de Basseterre un juste tribut de sympathie et d'éloges. — Rien ne leur manquait, — ils étaient cuits à point, — ils avaient précisément ce fumet de haut goût, tant apprécié des véritables gourmets, — enfin les truffes fraîches dont on les avait amplement bourrés répandaient dans la chaude atmosphère de la salle à manger un parfum exquis et pénétrant, dont Cambacérès et Brillat-Savarin, ces illustres gastronomes, eussent proclamé l'orthodoxie.

Le marquis savourait par tous les pores ces émanations bienfaisantes, et, malgré sa goutte, il arrosait chaque bouchée de larges rasades du vin de Porto qui brillait dans son verre comme des topazes en fusion.

Et, de temps à autre, le vieux gentilhomme, — exalté par la bonne chère, — faisait quelqu'allusion transparente à l'union prochaine de sa fille et de son neveu.

Mais, chaque fois qu'il touchait cette corde, ses paroles restaient sans écho. — Le vicomte Raoul tressaillait, et sur le visage de Louise se peignait une expression de douleur et presque d'effroi.

Le repas s'acheva.

Les valets de pied réinstallèrent le marquis au coin du feu du petit salon, et l'un d'eux, d'après son ordre, s'en fut chercher dans une pièce voisine une table de tric-trac.

Le tric-trac était le jeu favori de M. de Basseterre, et, pour lui plaire, Raoul s'initiait courageusement aux difficiles combinaisons de ce laborieux amusement.

Cependant la partie projetée ne devait point avoir lieu, et un accident imprévu vint changer tout-à-coup la physionomie de la soirée à laquelle nous faisons assister nos lecteurs.

Au fond du salon, et faisant face à la cheminée, se trouvait une console d'ébène incrustée de nacre, de cuivre, et d'argent, et recouverte d'un tapis de velours grenat à franges d'or.

Cette console supportait un vase de Sèvres, de grande dimension et de forme antique, précieux par sa beauté, mais précieux surtout par les souvenirs qui se rattachaient à lui.

Ce vase, héritage de famille, destiné à se transmettre religieusement de génération en génération, avait été donné, au père du marquis par sa majesté Louis XIV.

Une inscription, peinte sur la porcelaine au-dessous du blason des Basseterre, devait à tout jamais perpétuer la mémoire de ce cadeau royal.

Aussi, pour sauver de tout péril ce vase vénéré, le marquis eût abandonné de grand cœur une bonne partie de sa fortune.

Eh bien! — suprême douleur! voici qu'au moment de gagner la porte, le valet de pied qui avait apporté la table de trictrac fit un faux pas, — trébucha, — perdit l'équilibre, — se retint machinalement à la console d'ébène qui se trouvait à portée de sa main, et, tout en s'y cramponnant, lui donna une si violente secousse que le vase de Sèvres chancela sur sa base, — oscilla, — se sépara du socle sur lequel il trônait, et, roulant sur le tapis, se brisa en vingt morceaux dans sa chute.

Muet et atterré, le valet se laissa tomber à côté des fragments épars.

Le marquis poussa un véritable rugissement de désespoir et de fureur, et fit un violent effort pour quitter son fauteuil.

Mais la douleur aiguë de son accès de goutte fut plus impérieuse que sa colère, — il se vit contraint de s'affaisser de nouveau sur son siége, — la figure livide et les yeux étincelants.

— Misérable! — cria-t-il d'une voix indistincte, et se reportant malgré lui par la pensée aux us et coutumes du temps de la Régence, — misérable, tu périras sous le bâton! — Holà mes gens! venez empoigner ce maraud et qu'on le roue de coups de canne!!

Dès le premier moment, le vicomte Raoul s'était élancé et ramassait avec empressement les débris qui jonchaient le sol.

La marquise, — surprise et presqu'épouvantée de tout le bruit qui se faisait autour d'elle, se pencha à l'oreille de Louise et lui demanda tout bas :

— Qu'y a-t-il, mon enfant? qu'y a-t-il donc?

— Oh! ma mère, — balbutia la jeune fille, — le vase de Louis XIV.....

— Eh bien?

— Il est brisé.....

— Brisé! — s'écria la marquise à son tour, — oh! mon Dieu!!

Et, comme si le cadeau du grand roi eut été un talisman mystérieux duquel dépendaient tout le bonheur et tout l'avenir de la maison de Basseterre, la pauvre aveugle joignit les mains avec un geste de profonde douleur et quelques larmes roulèrent sur ses joues.

Le vicomte Raoul, après avoir respectueusement déposé sur la console, veuve de son précieux ornement, tous les morceaux de porcelaine qu'il avait ramassés, s'approcha du marquis dont la colère allait croissant et lui présenta un papier.

— Qu'est-ce que c'est que ça? — demanda brusquement le vieillard.

— Une lettre, mon oncle.

— D'où vient-elle ?

— Je ne sais, — je l'ai trouvée par terre au milieu des débris, — je suppose qu'elle était renfermée dans le vase inestimable dont nous déplorons la perte.....

Le marquis étendit la main pour prendre la lettre.

Louise, dont le regard avait exprimé une indicible angoisse en suivant cette dernière partie de la scène, fit un mouvement pour se jeter en avant et s'emparer du papier que son père venait de recevoir.

Mais ses forces la trahirent et elle retomba presqu'inanimée en se disant tout bas :

— Oh! mon Dieu! mon Dieu! — si je pouvais mourir!!

Le marquis déchira l'enveloppe.

Cette enveloppe ne portait aucune suscription et le large cachet de cire rouge qui la scellait était vierge de toute empreinte d'armoiries ou d'initiales.

Le papier plié en quatre qui s'en échappa ne contenait qu'un chiffre, — celui-ci : — XII.

— *Douze!* — répéta le marquis en jetant la lettre, — cela n'offre aucun sens, — ce qui ne m'étonne pas, du reste, car cette enveloppe et ce chiffre étaient peut-être dans ce vase depuis vingt ans.....

En entendant ces paroles, Louise parut se ranimer comme se ravive au retour du beau temps une fleur courbée par l'orage.

Pendant une seconde son doux regard eut une expression presque joyeuse, — mais sa préoccupation habituelle reprit bientôt le dessus, et, de nouveau, ses paupières devinrent humides de larmes.

L'accès de colère du marquis, un instant interrompu, ne tarda point à renaître avec une intensité nouvelle.

III

L'ENTREVUE.

La crise colérique de M. de Basseterre se termina par une sorte de coup de sang.

De rouges qu'elles étaient, ses joues devinrent pourpres, puis violettes, — ses yeux s'injectèrent, — ses lèvres, crispées par une contraction nerveuse, ne parvinrent plus à prononcer que des mots inarticulés et sans suite.

Louise, s'arrachant aux émotions violentes qui venaient de la bouleverser, courut à la cheminée et agita fortement et à plusieurs reprises le cordon de la sonnette, tandis que le vicomte Raoul appelait les domestiques à l'aide et que la marquise, folle d'épouvante, dressée à demi dans son fauteuil, dilatant ses prunelles mortes et tendant les mains au hasard, s'écriait :

— Qu'y a-t-il, mon Dieu ! — Qu'y a-t-il encore ? — Répondez-moi ! — Au nom du ciel, répondez-moi donc !

Louise s'efforça de rassurer sa mère. — Les gens de l'hôtel accoururent ; — on s'empressa autour du marquis ; on lui prodigua tous les soins que nécessitait son état, et on allait envoyer chercher un médecin, quand, tout à coup, les symptômes effrayants disparurent, la circulation du sang, un instant interrompue, reprit son cours naturel, et M. de Basseterre, calme désormais, mais complètement épuisé, recouvra l'usage de la parole.

Durant cet accès terrible et tandis que le petit salon était plein de mouvement et de bruit, un nouveau personnage était entré sans qu'on remarquât sa présence, et avait assisté, inactif, mais avec une attention profonde, à la scène qui se passait sous ses yeux.

Ce nouveau venu était un jeune homme de trente ans environ, grand et mince, entièrement vêtu de noir, sauf cependant sa cravate blanche et ses manchettes plissées.

Sa figure longue et brune se couronnait de beaux cheveux noirs. — Ses traits, admirables de régularité, devaient séduire au premier abord ; mais un examen attentif et impartial détruisait en partie cette impression favorable, car la physionomie de ce beau visage n'exprimait ni la bonté ni surtout la franchise.

Un demi sourire ironique plissait sans cesse ses lèvres minces et pâles — et ses yeux, quoique brillants et largement fendus, avaient ce regard fuyant et incertain qui semble craindre de se fixer hardiment sur un autre regard, et de laisser lire les pensées secrètes cachées au fond du cœur.

Cet homme était Martial de Préaulx, le secrétaire du marquis, et si nous ne l'avons point encore aperçu, c'est que, chargé de traiter pour M. de Basseterre une affaire importante, il n'avait pu se trouver de retour à l'hôtel à l'heure du souper de famille.

Dès son arrivée dans le salon, et du premier coup d'œil, il avait vu les débris du vase de Sèvres, et l'enveloppe déchirée de la lettre mystérieuse qui ne contenait que le chiffre *douze*.

A cet aspect, son sourire habituel avait pris une expression indéfinissable — tout à la fois sardonique et farouche.

Puis, immobile et silencieux, il avait attendu.

Enfin, comme nous l'avons déjà dit, la crise eut une fin heureuse.

Alors monsieur de Préaulx s'avança jusqu'auprès du marquis, devant lequel il s'inclina.

— Ah! c'est vous, Martial — dit le vieux gentilhomme.

— Je viens, — répondit le jeune homme, — je viens, monsieur le marquis, pour avoir l'honneur de vous rendre compte de la mission dont vous avez bien voulu me charger.

— Nous en causerons demain, mon ami. — Je suis ce soir trop fatigué et trop souffrant pour m'occuper d'affaires...

— J'espère cependant, monsieur le marquis, que ce malaise subit est à peu près dissipé et n'aura nulle suite fâcheuse...

— Je le crois comme vous, Martial, et je vous remercie de votre intérêt.

— C'est plus que de l'intérêt, monsieur le marquis, — c'est une respectueuse affection et une profonde reconnaissance qui me font ainsi parler.

— Je le sais, Martial, — vous m'aimez et vous êtes bon... Aussi, soyez en sûr, je ferai beaucoup pour vous.

Martial se pencha de nouveau, prit la main de M. de Basseterre et la porta à ses lèvres.

— A demain, mon ami, — lui dit ce dernier.

— A quelle heure devrai-je me mettre à vos ordres ?

— A midi.

Le secrétaire s'inclina pour la troisième fois, puis, au moment de sortir du salon, et tout en saluant mademoiselle de Basseterre, il lui jeta un regard profond et qui contenait une interrogation muette, ou plutôt un ordre impérieux.

Louise répondit par un signe de tête et par un soupir qui disaient clairement l'obéissance et la résignation.

§

Minuit sonnait.

Quelqu'un qui, à cette heure, se fut caché dans les massifs dépouillés du vaste jardin de la rue Saint-Dominique, n'aurait vu que deux fenêtres lumineuses dans toute la largeur des bâtiments de l'hôtel.

A l'une de ces fenêtres, située à l'extrémité de droite du corps de logis, brillait la faible lueur d'une lampe de nuit presque voilée.

Cette lueur venait de l'appartement du marquis.

La deuxième fenêtre, plus brillamment éclairée, se trouvait à l'autre extrémité de la façade.

C'était celle de la chambre à coucher de Louise.

Or, tandis que les lentes vibrations de l'horloge de Saint-Thomas-d'Aquin se perdaient dans le silence de la nuit, silence coupé seulement de loin en loin par le passage de quelque voiture attardée, une forme humaine, sortant du rez-de-chaussée de l'hôtel, s'enfonçait dans l'allée qui longeait le mur d'enceinte du jardin et ne tardait point à reparaître, apportant une longue échelle qu'elle appuyait contre la muraille.

En quelques secondes, cette forme escalada le petit balcon de fer qui formait saillie devant la fenêtre de mademoiselle de Basseterre, puis, en ayant soin de se cacher dans l'ombre que projetait sur le balcon la persienne entr'ouverte, elle frappa trois coups légers contre le cristal de la vitre.

La fenêtre s'ouvrit aussitôt. — La forme humaine sauta dans la chambre, et Martial de Préaulx se trouva en présence de Louise.

La jeune fille était enveloppée dans un grand peignoir blanc. — Quelques mèches éparses de ses longs cheveux bruns flottaient en désordre sur ses épaules. — On voyait qu'elle venait de pleurer longtemps, car ses paupières rougies et gonflées tranchaient avec la pâleur de ses joues, marbrées çà et là de teintes bleuâtres.

Certes, si les deux jeunes gens se réunissaient ainsi pour un rendez-vous d'amour, ce rendez-vous commençait sous de bien tristes auspices, quoique rien ne fut plus frais, plus charmant, plus virginal que l'intérieur de la chambre de Louise.

Cette chambre, étroite et mignonne, était entièrement tendue en toile de Perse, d'un gris clair semé de petits bouquets de violettes et de roses.

Les meubles, peu nombreux, étaient en bois de cèdre, incrustés d'ébène et recouverts en damas bleu. — Un anneau, suspendu au plafond, laissait descendre autour du lit les nuages neigeux des amples rideaux de mousseline de l'Inde.

Entre ces rideaux, et sur un fond de velours rouge dans un cadre précieusement ciselé, on distinguait un grand Christ d'ivoire ; — en face, se trouvait une admirable copie de la *Vierge à la chaise*.

On le voit, ce délicieux nid de jeune fille ne devait inspirer que des rêves d'une chasteté angélique.

Et pourtant...

Mais n'empiétons pas sur les faits de notre récit.

Martial referma la fenêtre, s'avança de deux pas et fit un geste pour enlacer la taille de Louise et mettre un baiser sur ses lèvres.

Mais la jeune fille l'éloigna avec douceur, quoiqu'avec fermeté, et, croisant sur sa poitrine émue, la blanche étoffe de sa robe de nuit, elle dit d'une voix ferme et cependant entre-coupée :

— Asseyez-vous, Martial, et écoutez-moi.

Martial obéit, mais ses sourcils noirs se froncèrent légèrement, ce qui vint rembrunir encore l'expression déjà sombre de son visage.

— J'écoute et j'attends, — dit-il.

— Vous avez voulu venir cette nuit, — reprit Louise. — et, une fois de plus, je me suis soumise à votre volonté. — Je vous ai reçu, Martial, mais seulement parce que j'avais à vous parler... à vous parler de choses graves, — de choses solennelles, — devant Dieu qui nous entend, — devant le Christ, qui nous écoute et qui, cette fois, n'est pas voilé !

Et, du geste, Louise indiquait le crucifix d'ivoire, qui resplendissait dans son encadrement de velours.

— Vos paroles m'effrayent et me font croire à un malheur, — interrompit Martial, — mais, en vérité, je ne saurais les comprendre.

Louise fit un mouvement d'épaules qui pouvait se traduire par un mépris mal déguisé, et, sans se soucier de répondre à la phrase précédente, elle continua :

— Je ne puis pas, — je ne dois pas, —

je ne veux pas accepter plus long-temps l'existence que vous m'avez faite, car ce n'est pas une vie, Martial, c'est une mort, — une mort affreuse, une mort de tous les instants, de toutes les minutes, de toutes les secondes...

— Louise! — s'écria le jeune homme.

— Laissez-moi parler, Martial, — poursuivit énergiquement mademoiselle de Basseterre, — je vous supplie de ne pas m'interrompre, vous me répondrez ensuite, si vous le voulez, ou plutôt si vous le pouvez.

— Soit! — murmura M. de Préaulx en croisant ses bras sur sa poitrine et en courbant la tête, comme un homme qui se soumet à une pénible contrainte, qu'il n'est pas en son pouvoir d'éviter.

— Quand vous êtes venu dans cette maison, — reprit la jeune fille, — j'étais heureuse, bien heureuse !... Laissez-moi vous dire ce que vous avez fait de mon bonheur...

Et comme Louise s'aperçut d'un mouvement de Martial, elle se hâta d'ajouter :

— Oh! ne craignez rien, je vous parle sans amertume, sans colère ; ce ne sont point des reproches que vous allez entendre, je veux seulement remettre sous vos yeux, celles des pages de ma vie auxquelles vous vous êtes mêlé fatalement, afin de justifier, devant vous, l'irrévocable résolution que je viens de prendre.

« Vous êtes arrivé, Martial, — vous aviez partagé les dangers de mon père ; — vous étiez le dernier rejeton d'une noble famille, et, appelé par la naissance à occuper une haute position dans le monde, vous vous trouviez forcé, par les hasards de la destinée, d'accepter auprès de nous, une place presque subalterne...

« Votre âme était profondément ulcérée. — votre tristesse était amère et légitime, — je compris vos douleurs, — je devinai vos blessures saignantes, et je ressentis dans mon cœur cette pitié sympathique que j'éprouve pour tous ceux qui souffrent.

« C'est alors, Martial, que vous m'avez aimée ou, du moins, que vous me l'avez dit. — C'est alors que vous est venue cette pensée infâme, de payer l'hospitalité du père en séduisant la fille...

— Louise!... Louise! — interrompit de nouveau le jeune homme avec un accent de colère.

— Oh! ne croyez pas, — continua mademoiselle de Basseterre, — oh! ne croyez pas qu'en vous parlant ainsi je cherche à vous humilier, je me souviens, je raconte, et voilà tout...

« Alors, comme aujourd'hui, mon père avait en vous la confiance la plus illimitée, — il croyait à votre loyauté de gentilhomme, il croyait qu'en votre cœur, comme dans le sien, vivaient ces mots sacrés, ces mots divins : — *Noblesse oblige!*

« Qu'avez-vous fait de son honneur, Martial ? — qu'avez-vous fait du vôtre ?

« Tous les moyens qui se peuvent mettre en œuvre pour changer en amour la pitié d'une jeune fille, ne les avez-vous pas employés ?

« Combien de fois, Martial, ne vous ai-je

pas vu pleurant à mes genoux, et parlant de mourir si je ne voulais pas vous aimer. .

« Ce n'était pas mon amour que vous me demandiez ainsi, — c'était ma honte, car vous ne m'aimiez pas ! — On ne déshonore point celle qu'on aime...

« Et cependant vos larmes et vos prières avaient ébranlé ma raison, terni mon âme, troublé mes pensées ; — vous m'aviez rendue folle... oui, folle, Martial, car vous avez tout obtenu...

« Et depuis cette heure maudite, où je suis restée courbée sous le poids de ma faute, tandis que vous vous éloigniez, orgueilleux de votre triomphe infâme; depuis ce moment terrible, où il me sembla m'éveiller d'un sommeil fièvreux, et sortir d'un rêve sinistre. — Mon Dieu que n'ai-je pas souffert!!!

« Quels jours et quelles nuits j'ai passés !
— plus de repos ! plus de sommeil ! — je
tremble sous le regard de mon père, —
j'en suis venue à remercier Dieu d'avoir
rendu ma mère aveugle... oh ! Martial,
voilà votre ouvrage !...

« Ce soir, au moment où s'est brisé le
vase dans lequel vous cachiez vos lettres,
— il m'a semblé que la vie se retirait de
moi, et la plus affreuse agonie doit être
moins terrible que l'angoisse que j'ai souf-
ferte...

« Voilà où j'en suis, Martial, et ce n'est
pas tout ! — notre secret va nous échap-
per... je porte dans mon sein, vous le savez, un gage vivant de mon déshonneur...
un peu de temps encore et ma honte sera
publique, et je serai maudite et chassée

du toît paternel!... et malgré tout cela, Martial, quand je vous supplie de vous jeter aux pieds de mon père, qui m'aime, de lui tout avouer et de lui demander de me donner à vous, — vous me répondez froidement : — « Il faut encore attendre. » —est-ce vrai, Martial, est-ce vrai, que vous me répondez ainsi?

— Oui, c'est vrai.

— Et vous pensez toujours de même?

— Toujours.

—Et les paroles que vous venez d'entendre n'ont eu sur vous nulle influence ?

— Ces paroles sont insensées.

— Ainsi, vous refusez de parler à mon père ?

— Quant à présent, — oui, je refuse.

— Réfléchissez encore, Martial, ayez pitié de moi !

— Pauvre enfant ! si je refuse, c'est parce que je vous aime, et que j'ai réfléchi...

— Martial !

— Louise ?

— Il en est encore temps, consentez !

— C'est impossible.

— Alors, je sais ce qui me reste à faire...

— Que voulez-vous dire ?

— Vous le saurez demain :

— Louise, répondez-moi, quel est votre projet ?

— Ah! de grâce, Martial, daignez me laisser du moins la liberté de mes pensés et de mes actes!!

— Mais, malheureuse fille, vous marchez à l'abîme! — j'avais deviné, Louise, que vous bâtissiez sourdement un funeste projet, — et c'est pour combattre cette résolution fatale que je vous ai demandé le rendez-vous de cette nuit.

— En vérité! — fit mademoiselle de Basseterre avec une ironie terrible.

— Et si vous ne m'écoutez pas, si vous ne consentez pas à me croire cette fois encore, nous sommes perdus tous les deux.

— Eh bien, à votre tour, parlez! que dois-je écouter? que dois-je croire?

— Ces mêmes paroles que je vous ai

répétées souvent, qui vous indignent, qui vous irritent...

— Lesquelles ?

— Celles-ci : — *il faut encore attendre!*

— Attendre! — toujours! toujours attendre! Mais vous ne m'avez donc pas comprise, Martial? attendre! il n'est plus temps!! — demain, ma première action sera d'aller trouver mon père afin de lui tout révéler...

— Eh bien, demain, à l'heure où vous ferez cela, notre enfant n'aura plus de père, car je me serai brisé le crâne avec ce pistolet.

Et tout en parlant Martial fit briller le canon d'une arme sous les yeux effrayés de la jeune fille.

— Vous tuer! — s'écria-t-elle, — vous

tuer plutôt que d'avouer notre faute....!
mourir plutôt que de la réparer...! est-il
bien possible que ce soit vous qui me par-
liez ainsi?.,.

Il y eut alors entre les deux acteurs de
cette scène un court moment de silence.
Puis, tout à coup, un horrible soupçon
traversa l'esprit de Louise, — ses yeux
semblèrent s'agrandir pour fixer sur son
amant un regard dévorant et elle murmura :

— Martial... êtes-vous marié ?

— Non, — répondit le jeune homme
d'une voix ferme, — devant Dieu je vous
le jure !

— Mais qu'y a-t-il donc alors? — vous
êtes libre, vous êtes gentilhomme, — mon
père a pour vous une vive affection, sa

colère serait terrible sans doute, mais enfin il pardonnerait et consentirait à nous unir... et c'est vous, vous qui êtes inflexible... Martial, Martial, — dois-je donc croire que vous avez commis jadis quelques crimes honteux et qu'il y a dans votre passé et sur votre nom une tache infamante... ?

A ces derniers mots M. de Préaulx pâlit, et ses sourcils noirs se contractèrent de nouveau, — mais cette émotion fut courte et passa inaperçue, car il sut la dominer assez vite pour répondre avec une complète assurance et une indignation, sinon réelle, du moins merveilleusement jouée :

—Louise... une supposition semblable...

— Oh! mon ami, — s'écria la jeune

fille, — sans le vouloir je vous insulte....
pardonnez-moi, pardonnez-moi...! ma tête
s'égare et je deviens folle... Martial! Martial! si vous m'aimez encore ayez pitié de
moi!

Et Louise, — les cheveux épars, — les
yeux baignés de pleurs, — la poitrine soulevée par des sanglots convulsifs, — se laissa
tomber aux genoux de son amant en étendant vers lui ses deux mains suppliantes.

Alors M. de Préaulx la releva, et lui
dit d'une voix caressante, tout en essuyant les larmes qui ruisselaient sur ses
joues :

— Du courage Louise, ayez confiance, —
ne vous créez pas ainsi des terreurs chimériques, — reposez-vous sur ce cœur que
vous sentez battre et qui ne battra jamais

que pour vous... en ce moment j'applanis les derniers obstacles qui rendent impossible une union immédiate, — mais bientôt j'exaucerai vos vœux et je saurai trouver dans mon profond amour le secret de toucher votre père...

— Est-ce bien vrai, cela? — balbutia mademoiselle de Basseterre.

— Pouvez-vous en douter, Louise ?

— Jurez-moi, par la mémoire de votre mère, que vous ferez ce que vous dites.

— Par la mémoire de ma mère je vous fais ce serment !

— Et ce sera bientôt !

— Bientôt, Louise...

— Eh bien, soit! je dévorerai, puisqu'il

le faut, ma honte et mes remords, mais hâtez-vous, car je me sens mourir.

— Tu vivras, mon amie, tu vivras, — pour ton bonheur et pour le mien... pour notre avenir... pour notre enfant...

Arrivé à ce point l'entretien, commencé d'une façon si grave, devint bientôt une causerie d'espérance et d'amour.

Martial avait atteint son but.

Louise ne parlerait pas !

Au bout d'une heure la fenêtre se rouvrit, — depuis le balcon monsieur de Préaulx glissa dans le jardin, — l'échelle fut remise à sa place, — la lumière s'éteignit derrière les vitres de la jeune fille, et, sur la sombre façade de l'hôtel, on ne vit plus briller que la faible lueur de la lampe du marquis.

IV

VOLEUR!

Deux mois s'étaient écoulés depuis la scène nocturne que nous avons racontée dans les pages du précédent chapitre, et, durant ce laps de temps, diverses modifications essentielles étaient survenues dans la position de nos personnages.

De jour en jour augmentaient les souffrances de Louise, — sa grossesse arrivait à sa dernière période et les désordres de sa taille, indices accusateurs et terribles, prenaient de telles proportions que les plus bienveillants regards devenaient à leur aspect inquiets et défiants.

Mais, nous le savons, la marquise était aveugle, — l'amour paternel et une confiance sans bornes étendaient sur les yeux de M. de Basseterre leur impénétrable bandeau, et d'ailleurs, telle était l'expression de candide chasteté empreinte sur le pâle et charmant visage de Louise, que chacun en la contemplant se prenait à lutter contre l'évidence, et que l'esprit repoussait avec horreur, comme un doute infâme et calomnieux, les soupçons, hélas ! trop bien fondés, qui venaient l'assaillir.

Le vicomte de Labretonnais continuai ses visites quotidiennes et timides.

Bref, il devenait de plus en plus urgent de prendre un parti. — Mais lequel?

Voilà où en étaient les choses, au moment où nous poursuivons notre récit, c'est-à-dire dans le courant du mois de mars 1805.

§

Un violent et nouvel accès de goutte condamnait M. de Basseterre à une complète inaction.

Pendant la journée précédente, Louise avait ressenti de sourdes douleurs, des angoisses physiques et morales, préludes et avant-coureurs de la crise imminente.

Martial, instruit par elle de ces symptômes menaçants, lui avait répété d'attendre et d'avoir confiance, — mais lui-même semblait abattu, morne, et sans énergie.

Cependant la nuit était venue, et avec elle le calme et le silence.

Voici ce qui se passa durant cette nuit.

Mais parlons d'abord des dispositions intérieures de l'hôtel et donnons en peu de mots quelques détails, indispensables à l'intelligence de ce qui va suivre.

Le logement de Martial, logement composé de deux pièces, était situé au rez-de-chaussée, juste au-dessous de l'appartement du marquis.

Un escalier dérobé, ouvrant dans la chambre à coucher du jeune homme, conduisait au premier étage, et aboutissait à la bibliothèque qui servait de cabinet de travail à M. de Basseterre.

Au centre de cette bibliothèque se trouvait un immense bureau en bois de chêne précieusement sculpté, et bruni par le temps. — Ce bureau était chargé de livres rares, de papiers importants et d'atlas d'un grand prix. — L'un de ses tiroirs, muni d'une serrure à secret, renfermait presque toujours, en or et en billets de banque, des sommes importantes.

La chambre du marquis communiquait de plain-pied avec ce cabinet de travail où Martial employait deux ou trois heures chaque jour à la révision des mémoires biographiques et galants du vieux gentilhomme.

M. de Préaulx qui s'était jeté tout habillé sur son lit, attendit qu'il fut deux heures du matin, puis, quittant furtivement sa chambre et gagnant le jardin dont la gelée avait durci la terre, il suivit une allée latérale et atteignit bientôt le mur d'enceinte, parallèle à la rue de Grenelle-Saint-Germain.

Une petite porte toute vermoulue, mais garnie de serrures solides, et cachée aux regards dès les premiers jours du printemps par les luxuriantes verdures d'une vigne vierge grimpante, était pratiquée dans le mur.

Martial s'efforça de faire jouer les verroux massifs que la rouille avait pour ainsi dire scellés dans leurs gonds de pierre, et, à l'aide d'un marteau qu'il avait apporté, il y parvint, mais non sans peine.

Ceci fait, il laissa la petite porte ouverte et se rapprocha de l'hôtel ; — En passant, il entra sous le hangar où l'on enfermait tous les outils de jardinage, et se munit de cette même échelle qui facilitait ses rendez-vous avec Louise, — seulement, au lieu de venir l'appuyer au balcon de la jeune fille, il l'adossa, avec des précautions infinies, à l'une des croisées de la bibliothèque.

Après avoir accompli, ainsi que nous venons de le dire, la première partie de son œuvre mystérieuse, Martial alluma une lanterne sourde, se déshabilla à demi, — remplaça son habit par une robe de chambre et ses bottes par des pantoufles, — roula un foulard autour de sa tête, — prit dans un meuble une paire de pistolets qu'il chargea et qu'il posa sur sa table de nuit, se précautionna de divers instruments en acier, d'une forme bizarre, et enfin, voilant à demi les clartés de sa lanterne sourde et étouffant le bruit de ses pas, il s'engagea dans l'escalier dérobé qui conduisait à la bibliothèque.

Une fois arrivé, il posa son fallot sur le bureau, et, marchant sur la pointe du pied jusqu'auprès de la porte de la chambre à coucher du marquis, il appuya son oreille contre la cloison fragile.

Un ronflement monotone et régulier lui prouva que le vieillard dormait d'un calme et profond sommeil.

Un sourire triomphant s'épanouit alors sur ses lèvres minces, — il s'approcha du bureau, et en quelques minutes, grâce aux instruments d'acier dont il était muni et qu'il maniait avec une rare habileté, la serrure céda et le tiroir s'ouvrit.

Martial se hâta d'en inventorier les richesses.

L'une des cases renfermait trois rouleaux d'or de mille francs chacun.

Un portefeuille vert, assez gros, contenait huit mille francs en billets de banque.

Rouleaux et portefeuille disparurent dans l'une des poches du jeune homme.

— Tout va bien ! — murmura-t-il en allant entrebâiller doucement la fenêtre à laquelle s'appuyait l'échelle.

Une bague dont un très petit diamant couronnait le chaton, lui servit à couper sans bruit l'un des carreaux de cette fenêtre, le plus voisin de l'espagnolette.

On pouvait supposer ainsi que la croisée avait été ouverte depuis le dehors.

Martial touchait au dénouement de son entreprise audacieuse, — il mit rapidement un désordre factice dans les papiers qui couvraient le bureau, et dans ceux que renfermait encore le tiroir forcé. — Il laissa épars dans la chambre les outils qui lui avaient servi à consommer son œuvre, et il regagna sa chambre avec les mêmes précautions qu'il avait employées pour en sortir.

Un panneau de boiserie, dont lui seul connaissait le secret, tourna sur ses pivots au moment où Martial pressait un ressort caché et laissa voir une excavation pratiquée dans le mur, introuvable cachette qui reçut l'or et les billets.

Puis le panneau se referma, la lanterne sourde fut éteinte, toute preuve accusatrice disparut, et Martial désormais se vit sûr du succès et de l'impunité.

Il lui restait encore cependant quelque chose à faire:

Il prit ses pistolets, en examina de nouveau et avec soin les amorces, puis s'élança dans le jardin en criant d'une voix vibrante:
— Au voleur! — au secours!!

Et deux coups de feu, tirés à de courts intervalles, accompagnèrent ces clameurs sinistres.

Il n'en fallait pas tant pour jeter l'alarme dans toute la maison. — Les domestiques accoururent, — on envoya chercher la garde et le commissaire, — Martial raconta comment, éveillé en sursaut par un bruit suspect, il avait ouvert sa fenêtre et vu deux hommes qui descendaient d'une échelle appuyée contre la muraille, — comment il avait pris ses armes, poursuivi les malfaiteurs, et comment, ne pouvant les atteindre, il avait tiré sur eux en appelant au secours.

Rien n'était plus simple et plus naturel que ce récit; aussi fut-il accepté sans difficulté. — On constata le vol. — On donna les plus grands éloges à la conduite courageuse de M. de Préaulx, et la justice, après avoir verbalisé, se promit de tout mettre en œuvre dès le lendemain pour retrouver la trace des coupables et s'assurer de leur personne.

M. de Basseterre, lui, se consola facilement du vol important dont il avait été victime, en songeant que, selon toute apparence, s'il s'était réveillé, s'il avait poussé un cri ou même fait un mouvement, les malfaiteurs n'eussent point reculé devant un assassinat pour sauvegarder leur terrible secret.

V

M. FABULEUX.

Le lendemain, vers le milieu du jour, tandis que le marquis retenu dans son fauteuil par l'accès de goutte dont les émotions de la nuit avaient encore redoublé l'intensité, dictait quelques pages à son secrétaire, un valet de chambre apporta sur un plateau d'argent plusieurs lettres qui venaient d'arriver, et que le vieux gentilhomme parcourut d'un air distrait et nonchalant.

Mais soudain l'une d'elles, la dernière, lui fit pousser une exclamation de surprise et de douleur.

Cette lettre était timbrée d'Orléans, largement armoriée, et voici ce qu'elle contenait :

« *Château de Boistracy, ce 4 mars 1803.*

« *Mon frère bien-aimé.*

« *Si vous voulez dire en ce monde un dernier adieu à votre vieille sœur, hâtez-vous de me venir voir, car j'ai pris le lit ce matin, et, quoi* qu'on me dise pour me rassurer, je sens bien que je ne le quitterai plus... que pour entrer dans une autre couche — couche glacée et dont on ne sort pas.

« La Révolution a tué mon corps en brisant mon âme, mais je ne me plains point car j'ai assez vécu, et je regrette seulement que Dieu veuille me rappeler à lui avant que j'aie pu voir sa Majesté Louis XVIII, roi de France et de Navarre, rétabli sur le trône de ses pères par ses sujets repentants et soumis.

« Enfin, puisque le ciel me refuse ce bonheur il faut me résigner....

« J'ai mis en bon ordre mes affaires temporelles. — Je dispose de la totalité de mes biens meubles et immeubles en faveur de ma très chère nièce, Louise de Basseterre, votre fille, — il ne me reste donc plus qu'à régler mes comptes avec le ciel, et quand je considère ma vie passée, j'ose espérer que ce sera facile.

« Je vous attends, mon frère.

« Dans le cas où des circonstances graves et que je ne puis prévoir, vous rendraient en ce moment un voyage impossible, je vous demanderais de m'envoyer à votre place ma chère nièce Louise, — j'ai le désir et le besoin d'avoir auprès de moi quelqu'un de ma famille pour me fermer les yeux.

« Dites à votre pauvre et bien-aimée aveugle que ma dernière pensée sera pour elle, comme pour vous.

« J'emprunte afin de vous écrire la main de l'excellent Joseph, mon digne intendant, — je suis trop faible pour pouvoir tenir une plume.

« *Hâtez-vous, cher frère, car mes jours sont comptés, et peut-être mes heures...*

« *Votre sœur qui vous aime,*

Comtesse Arthémise de Basseterre.

« *Chanoinesse du chapitre noble de Remiremont.*

La signature était presqu'illisible.

Hâtons-nous de dire que la chanoinesse, sœur aînée du marquis et beaucoup plus âgée que lui, ne quittait jamais ses terres et n'avait point vu son frère depuis une visite de quelques heures qu'il lui avait faite à l'époque de son retour de l'émigration.

— Mourante ! — s'écria-t-il, après avoir

achevé sa lecture, — et elle m'attend!
— et elle m'appelle! — et cette misérable goutte me retient cloué là, sur ces coussins, dans ces flanelles, comme un paralytique!! — chère sœur! — pauvre sœur! je ne l'embrasserai donc plus!! — ah! c'est trop souffrir! c'est trop souffrir!!

Le marquis cacha sa tête dans ses mains, et Martial vit deux grosses larmes filtrer à travers ses doigts fermés, et tomber sur ses genoux.

— Du courage, monsieur le marquis, — dit-il alors d'un air de profond attendrissement. — Peut-être madame votre sœur s'exagère-t-elle son état, — peut-être y a-t-il encore de l'espoir, beaucoup d'espoir.....

— Non, mon ami, — répondit le marquis

en relevant la tête et en tendant la main à son secrétaire, — non, mon ami, il n'y en a plus...

— Qui sait ?...

— Je le sens, je le vois !...

— Mais pourtant...

— Vous n'avez donc pas écouté cette lettre, Martial ? — Vous n'avez donc pas vu dans chacune de ces phrases la résignation calme, mais aussi l'inébranlable conviction d'une sainte qui va mourir ?..— D'ailleurs ma pauvre sœur a presque quatre-vingts ans, et à cet âge-là, Martial, toutes les maladies sont sans remèdes.

— Dieu est si bon ! — fit hypocritement le jeune homme.

— Oui, Dieu est bon, car c'est pour cela

qu'il ouvre le ciel à ma sœur, qui est un ange... elle ne quitte le monde que pour trouver dans l'autre un éternel bonheur, aussi ce qui me déchire l'âme, ce n'est pas de voir Arthémise s'éteindre, pleine d'années et de vertus, c'est de ne pouvoir courir à son chevet, la serrer dans mes bras et lui donner un dernier baiser...

— Que faire, monsieur le marquis

— Obéir aux vœux de ma sœur, lui envoyer ma fille puisqu'il faut que je reste ici....

— Ainsi mademoiselle Louise...?

— Va partir.

— Aujourd'hui?

— Non, demain.

— Seule?

— Avec Suzanne sa nourrice, et avec vous, Martial, à qui je la confie.

— C'est un honneur, que je sens vivement, monsieur le marquis, et dont je saurai me rendre digne, — répondit le jeune homme, en baissant les yeux et en détournant la tête, pour cacher la vive rougeur que la joie d'un triomphe si complet faisait monter à son visage.

— Pour moi vous êtes un fils, — reprit M. de Basseterre, — je regarde Louise comme votre sœur, ainsi ma confiance est juste et naturelle.

Et de nouveau il tendit la main à Martial, qui la prit et qui, cette fois, la baisa.

— Avez-vous quelques ordres à me

donner, relativement à ce brusque départ? — demanda-t-il ensuite.

— Non, rien de particulier, — occupez-vous de tout, — faites en sorte que les chevaux de poste viennent vous prendre demain matin au point du jour, et choisissez vous-même celle de mes voitures qui vous semblera la plus commode, — je m'en rapporte entièrement à votre prudence et à votre zèle, — si vous désirez, outre Suzanne, emmener un domestique, prenez celui que vous voudrez. — Allez, mon ami, — Surveillez par vous-même les moindres détails, — songez enfin que je mets mon enfant, ma seule enfant, sous votre garde! -

Martial fit un signe de respectueuse adhésion et sortit.

M. de Basseterre le rappela.

— Mon ami, — lui dit-il, — veuillez faire avertir madame la marquise et ma fille que je les attends ici, — je veux leur annoncer cette triste nouvelle.

Et, tandis que son secrétaire s'éloignait, le vieux gentilhomme sentait de nouvelles larmes ruisseler lentement sur ses joues, et il se répétait tout bas :

— Pauvre sœur! ne plus la voir !! — oh! mon Dieu !!

2.

Le soir venu, et après avoir fait prévenir le marquis qu'il n'assisterait point au repas du soir, Martial quitta l'hôtel et remonta la rue Saint-Dominique dans la direction de la rue des Saints-Pères.

Le jeune homme était, comme d'habitude, entièrement vêtu de noir.

Son chapeau à larges bords se rabattait sur ses yeux, et il s'enveloppait étroitement dans les longs plis de son manteau dont il rejetait un des pans sur l'épaule gauche, autant peut-être pour cacher le bas de son visage que pour se garantir du froid vif et pénétrant.

Il marcha d'un pas rapide jusqu'à la place Taranne.

Arrivé à l'extrémité de cette place il se jeta à gauche, prit la rue Saint-Benoit, — longea la rue Jacob, — descendit la rue de Seine, — traversa l'étroit et fangeux couloir qu'on appelle le *passage du Pont-Neuf* et se trouva dans la rue Mazarine.

Cette rue, l'une des plus tristes et des

plus sombres du faubourg Saint-Germain, était à cette heure entièrement déserte.

Deux ou trois réverbères, placés à d'énormes distances les uns des autres, y combattaient mal les ténèbres opaques, augmentées encore par un épais brouillard qui commençait à descendre sur les quartiers voisins de la rivière.

En sortant du *passage du Pont-Neuf* Martial s'était arrêté.

Il avait rabattu plus que jamais sur son front les larges bords de son chapeau.

Il avait remonté plus haut encore et presque jusqu'à ses yeux le pan de son manteau.

Enfin il avait jeté tout autour de lui un regard quêteur et défiant, et écouté si nul bruit de mauvais augure n'arrivait à son oreille.

La solitude et le silence le rassurèrent sans doute complètement car au bout d'une minute il se remit en marche.

Il fit cinquante pas environ, puis il s'arrêta de nouveau.

Mais cette fois il râsait le mur et se trouvait en face d'une petite porte, étroite et basse.

Il sonna. — La porte s'ouvrit.

Après avoir parcouru dans toute sa longueur une allée noire et infecte, Martial arriva devant la loge du portier.

Ce dernier entr'ouvrit le vasistas de son taudis, avança sa tête hargneuse et dit d'une voix glapissante :

— Qu'est-ce que vous demandez?

— Je demande ma clef et ma lumière, père André, — répondit Martial.

— Tiens, c'est vous, *môsieu Fabuleux!* — s'écria le portier, — je ne vous remettais pas, à cause qu'il y a longtemps qu'on n'a eu celui de vous voir.... ça va bien, *môsieu Fabuleux?*

— Très bien, — fit le jeune homme, sans paraître étonné du nom bizarre que lui donnait son portier.

— Allons, tant mieux! — reprit ce dernier, — tenez, il n'y a pas un quart d'heure que je disais à mon *épouse :* — faut que *môsieu Fabuleux soye* indisposé, tout de même, car on ne le voit plus par ici...

Martial coupa court à la loquacité du concierge en lui demandant:

— Y a t-il des lettres pour moi ?

— Oui *môsieu,* il y en a *deusse.*

— Donnez.

— Les voici, avec votre clef, et la chandelle.

— Personne n'est venu me demander ?

— Faites excuse, *môsieu,* il est venu quelqu'un.

— Qui cela ?

— Votre ami, vous savez, ce grand qui a des cheveux et des moustaches rouges, qui jure et qui fume toujours, et qui s'appelle d'une si drôle de façon...

— Trabucos ?

— C'est ça. — Il est venu avant hier et

encore hier, — il paraissait bien contrarié de ne pas vous rencontrer allez... et il *sacrait* que c'était une bénédiction, et qu'Eglé, mon épouse, en était toute *épapouflée* de l'entendre...

— Mais, à l'exception de Trabucos, vous n'avez vu personne?

— Non *môsieu*, pas un chat.

— Tenez, père André, voici pour le port des deux lettres.

Et Martial mit une pièce de trente sous dans la main du concierge.

— Je vas vous rendre la monnaie, — fit ce dernier.

— Non, gardez, — tout est pour vous.

— Ah! *môsieu Fabuleux*, — s'écria le père

André transporté de joie, — c'est bien gentil à vous... ah! oui! ah! oui! je peux dire que c'est bien gentil!!! voilà un joli procédé...!

Martial se déroba aux expressions de cette reconnaissance expansive et immodérée.

— Il monta rapidement les marches raides et glissantes d'un mauvais escalier de bois, et il ouvrit une porte vermoulue qui donnait sur le carré du troisième étage.

Il entra, — referma la porte derrière lui et poussa les verroux intérieurs.

VI

L'ESTAMINET.

Le logement dans lequel venait de pénétrer Martial était composé de deux pièces.

D'abord une petite antichambre absolument nue et qu'il traversa sans s'arrêter.

Ensuite une chambre à coucher qui ne contenait qu'un lit en désordre, — une table boiteuse, — une commode, — un secrétaire et quelques chaises.

Sur la cheminée, à côté d'une vieille pendule, on voyait une assez grande quantité de bouteilles, les unes pleines, les autres vides, — toutes portant pour étiquettes ces mots : *Cognac vieux*, ou *Rhum de la Jamaïque*.

Des pipes, — du tabac, — un sucrier, — un bol à faire le punch et un jeu de cartes étaient posés sur la table.

A l'un des patères qui soutenaient les rideaux du lit, était accroché un vieux châle de femme.

Des estampes obscènes, — les unes en noir, les autres grossièrement enluminées pendaient çà et là, le long du papier gras et enfumé qui recouvrait les murailles.

Un petit placard, pratiqué à côté de la

cheminée, renfermait du bois et du charbon de terre.

Martial entassa des combustibles sur les chenets, prit un briquet, de l'amadou et des allumettes dans un tiroir, et bientôt un feu pétillant éclaira de ses joyeux reflets les recoins de cette ignoble chambre.

Ceci fait il décacheta les deux lettres, — les brûla après les avoir lues, et, amenant un siége à côté du foyer, il parut s'absorber pendant une demi-heure à peu près dans une méditation profonde.

Au bout de ce temps il sortit de cette apparente torpeur; — il se leva, — ouvrit la commode, — en tira quelques vêtements qu'il jeta sur le lit, et se dépouillant de son costume noir, il commença sa toilette, ou plutôt son travertissement.

Un pantalon d'une nuance *abricot*, remplaça celui qu'il venait de quitter.

Il noua à son cou une longue cravatte de laine verte.

Il se vêtit d'un gilet *ventre de biche*, graisseux et de trois doigts trop court.

Il endossa un habit gris de fer, à longues basques et à boutons d'acier ternis.

Enfin, et pour compléter le déguisement il s'ajusta avec de la gomme, d'épaisses moustaches noires et des favoris touffus qui jouaient la nature à s'y méprendre.

Puis, par-dessus cet étrange accoutrement, il s'enveloppa dans un vieux carrick noisette à dix collets, et se coiffa d'un petit chapeau, qu'un long usage avait rendu terne et rougeâtre.

Alors, jetant un regard satisfait dans la glace verdâtre qui lui renvoyait son image ainsi modifiée, — il prit sa chandelle, — gagna l'antichambre, — et de là l'escalier.

Un peu avant d'arriver à la loge du père André, il éteignit sa lumière de façon à ce que le portier ne put s'apercevoir des importantes modifications que le physique de son locataire venait de subir.

— Peut-être viendrai-je un peu tard cette nuit, — lui dit-il en passant, — Dans ce cas je sonnerai trois fois, afin que vous sachiez que c'est moi.

— *Môsieu* peut être tranquille ! — répondit le portier, — *Môsieu* peut venir à n'importe quelle heure quand il le jugera bon.— Je me ferai z'un devoir et un plaisir de lui tirer le cordon....

Martial s'enfonça de nouveau dans les profondeurs de l'allée, et quitta la maison de la rue Mazarine.

§

Bien peu de nos lecteurs, sans doute, connaissent la rue des Postes, — rue située dans un quartier perdu de l'autre côté de la place du Panthéon, et qui abonde en hôtels garnis du dixième ordre et en maigres pensions bourgeoises, à l'usage des pauvres étudiants en droit et en médecine, que la gêne ou l'avarice de leurs familles réduit à la portion congrue.

A l'époque pendant laquelle se passent

les faits de notre récit, se trouvait vers le milieu de la rue des Postes un estaminet assez mal hanté. — Sur sa devanture on voyait ces mots :

ESTAMINET DU CHIEN COIFFÉ.

Bierre de Lyon, de Flandre et de Strasbourg. — Punch chaud à quatre sous le verre. — Billard. — On joue la poule.

L'établissement susdit jouissait, nous le répétons, d'une réputation fâcheuse, mais méritée, et n'était guère fréquenté que par ces prétendus étudiants que la paresse conduit à la débauche et que la débauche mène au vice. — Puis ensuite par ces gens sans aveu, piliers des cafés suspects, professeurs de billard et de boxe, — culotteurs de pipes, — vivant d'industrie, et n'aimant point, d'habitude, que la police cherche à s'immiscer dans leurs petites affaires.

C'est vers cet estaminet que s'était dirigé Martial, et c'est là que nous allons le retrouver, au moment où il venait d'y entrer.

Il se dirigea vers le comptoir, et la maîtresse du lieu, assez jolie brune de vingt-huit à trente ans, l'accueillit par son plus gracieux sourire.

— Quel miracle vous amène, monsieur Fabuleux ! — lui dit-elle, — il y a si longtemps que nous ne vous avons vu, que nous croyions presque que vous ne reviendriez jamais !

— Je n'oublie pas comme ça les amis,

chère madame Aspasie, — répondit Martial. — Mais que voulez-vous, — les affaires m'ont retenu malgré moi.

Et, tout en parlant, il déposa un baiser sur la main potelée de la dame.

— Toujours galant ! — fit celle-ci en rougissant de plaisir.

— Comme vous, toujours jolie !

— Oh ! jolie....!! — reprit-elle en minaudant.

— Parole d'honneur, je vous trouve adorable.... ! — Mais, dites-moi, vous voyez encore Trabucos ?

— Sans doute, — il ne nous est pas infidèle lui.... seulement il ne paye pas souvent....

— Est-il ici ce soir ?

— Je le crois. — Dans tous les cas, s'il n'était pas encore venu il ne tarderait pas à arriver. — D'ailleurs je vais le savoir.

Aspasie sonna.

Le garçon accourut.

— Monsieur Trabucos est-il en haut? — lui demanda-t-elle.

— Oui, Madame, — à l'entresol.

— Je monte, — fit Martial.

— Il ne faut rien vous servir ?

— Tout à l'heure je demanderai. — Mais je veux avant tout parler à Trabucos.

Martial grimpa jusqu'à la partie supérieure de l'estaminet.

Le plafond de cette pièce était très bas, — aussi la fumée d'une demi-douzaine de pipes y entretenait sans cesse un nuage de vapeur tellement épais que l'œil ne le pouvait percer dans le premier instant.

Cependant Martial aperçut bien vite celui qu'il cherchait.

Trabucos jouait au billard.

C'était un grand gaillard vigoureusement bâti et bien découplé, — rouge de peau, de cheveux, de moustaches et de favoris.

Au milieu de cette face vermillonnée, et sous des sourcils touffus et d'un blond ardent, étincelaient deux yeux ronds, d'un gris pâle, remplis de finesse, d'astuce et d'effronterie.

Il avait pour adversaire un petit homme pâle et fluet, vêtu d'une longue veste de flanelle à carreaux, et d'une culotte de panne sur laquelle s'ajustaient des guêtres montantes.

Une vieille cape de chasse en velours noir, et une épaisse cravatte d'un blanc sale, achevaient de donner à ce personnage l'apparence d'un valet d'écurie anglais.

— Fait au même ! — s'écria triomphalement Trabucos en *bloquant* la bille du petit homme. — Nous voilà *manche à....* — jouons *la belle....*

— Ça va, — dit le petit homme.

Trabucos mit les billes en place et se disposait à commencer une nouvelle partie quand il aperçut Martial.

Il jeta tout aussitôt sa queue sur le billard, courut auprès de l'arrivant et lui saisit les deux mains qu'il serra à les briser, tout en disant :

— Ah ! sacrebleu ! te voilà donc enfin ! Je commençais à désespérer de te revoir...

— En effet, — répondit Martial, — je sais que tu es venu deux fois rue Mazarine.

— Et j'allais y retourner tout à l'heure.

— Tu as donc à me dire quelque chose de pressant ?

— Oui, d'excessivement pressant, — je veux te prier de me rendre un service.

— Comme moi, — je viens ici pour t'en demander un.

— Bravo ! ça se trouve le mieux du

monde — Nous ferons un troc d'amabilité, et, comme dit le proverbe : *les petits bons procédés entretiennent l'amitié !* — Je suis tout à toi.

— J'ai le temps, — achève ta partie.

Ça ne presse pas ! — Je m'y remettrai plus tard, — cela ne fait rien à Dyck ; — n'est-ce pas, mon ami Dyck Chester, que cela ne te fait rien ?

— Ma foi non, — répliqua l'individu ainsi interpellé.

— Tu vois. — D'ailleurs les affaires avant tout ! — Tu es venu pour causer, causons.

— Ici ?

— Ici ou ailleurs, peu m'importe.

— Les choses que j'ai à te dire sont

confidentielles, — dans cette salle il y a beaucoup de monde autour de nous, on pourrait nous entendre.

— C'est juste. — Alors, prenons le cabinet, — mais il faudra consommer.

— On consommera.

— Rien ne t'arrête ! — tu es digne de ton nom, ô Fabuleux ! — Je vais appeler le garçon.

Trabucos s'approcha de l'escalier et siffla d'une façon particulière.

Le garçon ne se fit point attendre.

— Un bischoff de quatre bouteilles, des liqueurs assorties et des cigarres de choix, — lui dit Trabucos, — tu nous serviras au cabinet, c'est mon ami Fabuleux qui paye, fais-en part à Aspasie.

Le garçon tourna sur ses talons et disparut.

— Je lui dis que c'est toi qui paye, — poursuivit Trabucos en s'adressant à Martial, — parce que, vois-tu, je possède au comptoir un petit compte en souffrance, et que cela pourrait entraîner un léger retard dans le service. — Mais, grâce à toi, tout va s'arranger.

— Je l'espère, — dit Martial.

Au bout de dix minutes, les deux honorables compagnons, attablés dans un cabinet solitaire, en face d'un immense récipient rempli de vin chaud, sur lequel surnageaient des écorces de canelle et des rouelles de citron, allumaient des cigarres et entamaient une conversation qui ne manquait ni d'intérêt, ni surtout d'originalité.

VII

ENTENTE CORDIALE.

— Nous disons donc? — demanda Trabucos après avoir rempli son verre et l'avoir vidé deux fois de suite.

— Nous disons avant tout, — répondit Martial, — nous disons que tu vas me faire le plaisir de ne pas te griser.

— Ah bah! — et pourquoi?

— Parce que j'ai besoin de tout ton sang-froid.

— Du sang-froid! je n'en ai jamais plus que quand je suis gris!

— C'est possible, cependant je désire ne pas en faire l'épreuve aujourd'hui.

— Tu as tort! Enfin, soit; — je te promets de me modérer.

— A la bonne heure.

— Maintenant, j'écoute.

— Commence par me dire dans quel but tu es allé chez moi hier et avant-hier, et pourquoi tu te disposais à y retourner aujourd'hui?

— Parle le premier, je t'en prie.

— Après toi.

— Tu le veux? — alors, voici ce que c'est : — Les affaires vont mal dans ce moment-ci, mon très cher... je suis endetté et tracassé, — tu sais ce que c'est! les dettes criardes, il n'y a rien d'aussi hargneux, et si tu pouvais mettre à ma disposition, pour pas longtemps, quelques petits écus de six livres, tu m'obligerais plus que je ne saurais te le dire.

— Tu veux de l'argent?

— Juste.

— Beaucoup?

— Le plus possible.

— Et tout de suite?

— Ma foi, oui. — Je m'arrangerais volontiers de ne pas attendre.

— Eh bien! mon cher, regarde comme ça se trouve, je venais t'en proposer.

— Toi?

— Moi.

— Tu venais... tout exprès?

— Tout exprès.

— Ce trait là t'honore, ô ami plus que jamais Fabuleux! — tu acquières dans mon estime les proportions les plus gigantesques! — Je te ferai dédier une épitre de deux cents vers dans l'*almanach des Muses*, par un jeune homme que je connais et qui tourne joliment le quatrain... Et dis-moi, combien avais-tu le projet de m'offrir?

— Cela dépend.

— De qui ?

— De toi-même.

— Et comment cela ?

— Tu peux m'être plus ou moins utile, — la somme se règlera d'après le *plus* ou d'après le *moins*.

— Tiens ! tiens ! tiens ! — et moi qui m'exterminais à te remercier de ta générosité ! — Je rengaîne mes compliments...

— Pourquoi ?

— Parce que je vois qu'il ne s'agit entre nous ni d'un *prêt*, ni d'un *don*, il s'agit d'une *affaire*...

— Une *affaire*, tu as dit le mot.

— C'est bon; — j'aime autant que ça soit ainsi, je serai quitte de reconnaissance. — Dis-moi vite ce dont il est question, et posons les bases du marché.

— Tu m'écoutes?

— Avec une attention religieuse.

— Demain, à neuf heures du matin, deux chevaux et un postillon viendront chercher, dans un hôtel de la rue Saint-Dominique, une voiture de voyage qui sera là, prête à partir.

— Après?

— Voilà tout.

— Comment! tout?

— Sans doute.

— Mais je ne devine pas quel rapport

il y a entre l'affaire que tu veux me proposer et le postillon dont tu me parles...

— Il y a ce rapport que tu seras le postillon.

— J'entrevois une difficulté.

— Laquelle !

— Je ne sais pas monter à cheval.

— Ah ! diable !

— Mais j'ai quelqu'un sous la main qui me remplacera à merveille.

— Quelqu'un...?

— Oui, Dyck Chester, le jockey anglais avec lequel je jouais au billard quand tu es arrivé.

— Es-tu bien sûr de cet homme, Trabucos ?

— Autant que de moi-même ; — je réponds de lui sur ma tête. — Nous avons fait plus d'un coup ensemble...

— Il est intelligent ?

— Comme un singe.

— Et discret ?

— Comme un poisson.

— Il pourra, sans éveiller les soupçons, acheter ce soir-même les chevaux dont nous avons besoin ?

— Parbleu ! c'est affaire à lui ! — il est sans cesse fourré chez tous les maquignons de Paris, — je ne dis point qu'il ne te *subtilisera* pas deux ou trois louis à titre de prime, mais à part ça, tu ne seras pas volé.

— C'est que, songes-y, les conséquences d'une indiscrétion seraient terribles.

— Je le comprends; — il s'agit d'un enlèvement, sans doute?

— A peu près.

— C'est sérieux; pourtant, je te le répète, sois tranquille, — je réponds de Dyck...

— Eh bien! fais-le venir, — je verrai tout de suite s'il y a moyen de s'entendre avec lui, et si c'est l'homme qu'il nous faut...

Trabucos arrondit ses deux mains et les disposa de chaque côté de sa bouche en manière de porte-voix, puis il cria :

— Ohé! Dyck Chester, — il y a à boire

ici, — apporte un verre et arrive, mon garçon.

Au bout d'une minute, le petit homme fluet et maigre répondant au nom de Dyck Chester, entrait dans le cabinet d'un air flegmatique et s'asseyait silencieusement entre Trabucos et Martial.

Les évènements à venir nous mettront au fait de ce qui fut conclu entre les trois associés, dans le mystérieux conciliabule de la rue des Postes; il est donc inutile de faire assister plus longtemps nos lecteurs à l'entretien édifiant dont ils connaissent désormais le sujet et le but.

§

En quittant l'estaminet du *Chien coiffé*, Martial regagna la rue Mazarine.

Il eut soin, avant de se montrer au père André, — le digne concierge que nous connaissons, — de supprimer ses moustaches et ses favoris postiches, et il ne passa dans son appartement clandestin que le temps strictement nécessaire pour dépouiller son travestissement et revêtir à la place, son costume habituel.

Cette seconde toilette achevée, Martial monta dans une voiture de place et se fit ramener à l'hôtel de Basseterre, où il arriva un peu avant minuit.

Un valet de pied l'attendait dans l'antichambre, et le prévint que le marquis désirait lui parler.

Un frisson involontaire, — résultant de cet instinctif effroi que traîne partout à sa suite une conscience coupable, — passa dans les veines de Martial.

Cependant il fit bonne contenance, suivit le domestique, et fut bientôt rassuré.

Monsieur de Basseterre ne savait rien et sa confiance était plus absolue que jamais.

Il voulait prévenir Martial que nul changement n'était survenu dans ses projets, et apprendre de lui si toutes les dispositions convenables avaient été prises pour le départ du lendemain.

Martial répondit affirmativement, et se retira après avoir écouté les dernières et prolixes recommandations du vieux gentilhomme.

Mais, au lieu de rentrer dans sa chambre, il escalada le balcon de Louise et passa dix minutes dans la chambre de la jeune fille.

Louise, restée seule, tomba à genoux

devant son crucifix et, durant tout le reste de la nuit, elle ne fit que prier et pleurer.

§

Un peu avant neuf heures du matin, on entendit dans la cour de l'hôtel les roulades retentissantes d'un fouet de poste habilement manié, et le cliquetis sonore des grelots mis en branle.

C'est qu'un postillon,—élégamment vêtu du costume officiel, — gilet rouge à bandes d'argent, — petite veste bleue à mille boutons, — culotte de peau et grandes bottes à l'écuyère, — arrivait conduisant triomphalement deux vigoureuses juments gris de fer, qu'il se mit en devoir d'atteler à une berline de voyage, laquelle, sortie de la remise et pourvue de toutes ses malles, lui fut indiquée par les palfreniers.

Ce postillon, — petit homme sec, — à figure allongée et sournoise, — conservait, malgré sa grande perruque à queue, le cachet prononcé de la race britannique, et peut-être eut-il été possible de reconnaître en lui le protégé de Trabucos, — l'habitué du *Chien coiffé*, — Dyck-Chester, en un mot.

A peine la voiture, complètement attelée, venait-elle de s'arrêter devant le perron, que Marie descendit, en compagnie de Suzanne, sa nourrice, et de Martial.

Le marquis avait fait approcher son fauteuil de la fenêtre, et madame de Basseterre appuyait contre la vitre son front triste et pensif.

La jeune fille sanglottait.

Mais il était naturel d'attribuer ce chagrin à sa vive douleur de se séparer de sa famille, pour aller s'asseoir au chevet d'un lit de mort; — aussi personne ne s'étonna de ses larmes.

Un valet de pied ouvrit la portière.

Louise et Suzanne prirent place dans le fond de la berline.

Martial s'assit en face d'elles.

De la main, il envoya un dernier salut au marquis.

— Route de Charenton ! — cria le domestique.

Le postillon fouetta ses chevaux qui se cabrèrent et bondirent.

La voiture s'ébranla, — sortit de la cour et s'enfonça rapidement dans les profondeurs de la rue Saint-Dominique, au milieu du bruit des roues broyant le pavé, — du claquement des coups de fouet, et du murmure des grelots.

VIII

LA PETITE MAISON.

A peine la berline avait-elle tourné l'angle de deux ou trois rues, qu'un homme, revêtu d'une livrée bleu de ciel à boutons d'argent, et qui paraissait guetter les voyageurs au passage, quitta la porte cochère sous laquelle il se tenait en observation, et prit fort agilement possession du siége de derrière.

Cet homme était Trabucos.

Presqu'en même temps, Martial abaissa contre le vitrage des portières les stores de soie cramoisie, de façon à intercepter complètement la vue de l'extérieur.

— Mon Dieu! monsieur Martial, — s'écria la vieille Suzanne, — pourquoi donc que vous nous enfermez comme ça?

— J'obéis à l'ordre que mademoiselle Louise vient de me donner par un geste, répondit le jeune homme.

La nourrice se tourna vers Louise avec étonnement et parut l'interroger du regard.

— Oui, ma bonne Suzanne, — répondit mademoiselle de Basseterre avec quelqu'embarras, mais subissant la fascination irrésistible de la volonté de son amant, — je suis un peu souffrante, et l'aspect de ces maisons qui semblent courir de chaque côté de notre voiture, me fait tourner la tête et ajoute à mon malaise...

— Ah! si c'est comme ça, ma fille, — répliqua Suzanne avec la familiarité habituelle aux nourrices, — c'est bien différent, — mais, n'empêche, je trouve peu gai de rouler sans rien voir, comme si l'on était dans une boite...

— Il est probable, — interrompit Martial, — qu'aussitôt que nous serons sortis de Paris, l'air pur et vif de la campagne dissipera la passagère indisposition de mademoiselle Louise, et qu'alors on pourra sans inconvénient relever les stores.

— Tant mieux si cela est, — fit la nourrice.

Puis, après ces quelques phrases insignifiantes, un silence profond s'établit.

Sazanne au bout de cinq minutes dormait de tout son cœur.

Louise, les yeux baissés, semblait abîmée dans une préoccupation douloureuse.

La physionomie mobile de M. de Préaulx exprimait les sentiments les plus orageux et les passions les plus diverses.

Tantôt, un sourire de joie infernale venait relever les coins de ses lèvres minces et presqu'incolores.

Tantôt, une ride profonde se creusait entre ses sourcils, — son regard devenait sombre et inquiet, et l'on voyait qu'il se prenait à douter du succès de la difficile entreprise conçue par lui et en voie d'exécution.

Mais ces subits découragements duraient peu, — et les sensations reflétées sur le visage de Martial étaient le plus souvent joyeuses et triomphantes.

Cependant, la berline roulait toujours.

Une heure environ s'était écoulée depuis le départ.

Soudain, les chevaux s'arrêtèrent.

Suzanne se réveilla en sursaut.

Louise releva la tête.

Martial sourit involontairement.

Il décrocha l'un des stores et, mettant sa tête à la portière, il demanda :

— Pourquoi ne marchons-nous plus, postillon?

— Sauf votre respect, monsieur, — répondit ce dernier avec un accent très prononcé, — je laisse souffler mes pauvres bêtes avant d'entamer la côte que voici et qui est dure.

En effet, une montée extrêmement raide se dressait devant les voyageurs.

La route était déserte.

Au bord du chemin, — sur la droite, — se trouvait une maison de pauvre apparence.

La porte de cette maison était ouverte,

et le regard plongeait dans un corridor sombre.

Martial heurta brusquement le genou de Louise.

Ce choc rappela sans doute à la jeune fille quelque souvenir un moment effacé de sa mémoire, car elle tressaillit et se hâta de dire à Suzanne :

— J'ai bien soif, ma bonne, — veux-tu faire en sorte de m'avoir un verre d'eau?

— Rien n'est plus facile, — répondit la nourrice, — j'ai dans mon sac, une timbale d'argent et je vais aller chercher de l'eau dans cette barraque. — Voulez-vous m'ouvrir la portière, monsieur Martial.

Suzanne descendit et se dirigea du côté de la petite maison.

Louise tremblait de tous ses membres.

Trabucos avait quitté son siége et se cachait derrière la voiture.

Suzanne franchit le seuil et entra dans le corridor.

Trabucos la suivit lentement et se tint debout à côté de la porte extérieure.

Un homme, vêtu d'une blouse et coiffé d'un bonnet de coton, vint au-devant de la nourrice.

— Qu'est-ce que vous demandez? — lui dit-il.

— Un peu d'eau fraîche, mon cher monsieur.

— Passez là, au fond, — vous verrez la fontaine.

Suzanne pénétra sans défiance dans une seconde pièce.

L'homme en blouse fredonna entre ses dents le refrain d'une ronde populaire.

Trabucos, à ce signal, entra sans bruit et verrouilla la porte du couloir.

Suzanne reparut, portant avec précaution la timballe pleine d'eau.

Elle se trouva face à face avec son hôte inconnu qui lui barrait le passage.

— Je vous remercie, mon cher monsieur, — lui dit-elle, — mais pardon, je voudrais sortir... on m'attend...

— Vous croyez?... — demanda l'homme en ricanant.

— Sans-doute, — fit Suzanne surprise et presqu'effrayée.

— Eh bien! on vous attendra, voilà tout.

— Mais, monsieur...

— Il n'y a pas de mais...

— Vous avez donc quelque chose à me dire?...

— Sans doute, que j'ai quelque chose à vous dire...

— Eh bien! j'écoute, mais au moins, faites prévenir ma maîtresse...

— Où est-elle, votre maîtresse?

— Devant la porte, dans sa voiture.

— Vous croyez? — répéta l'homme avec le même ton narquois et goguenard.

— Je ne le crois pas, j'en suis sûre! voyez plutôt...

— Ça peut se faire, et, puisque vous voulez voir, voyons...

L'homme en blouse, tout en parlant, prit Suzanne par la main, la conduisit auprès de la fenêtre et lui montra la berline qui, après avoir tourné sur elle-même, venait de changer de route, et s'éloignait dans la direction de Paris, au plus rapide galop de ses deux vigoureux chevaux.

— Ah! mon Dieu! — s'écria Suzanne au désespoir, — ah! mon Dieu!...

L'inconnu partit d'un long éclat de rire.

— Mais, au nom du ciel! — continua la nourrice, — pourquoi me retenir ici tandis que ma maîtresse s'éloigne... tandis qu'on l'enlève peut-être?... Quel est votre but?... qu'est-ce que tout cela signifie??...

— Cela siguifie que vous êtes prisonnière, ma chere amie, — répondit Trabucos, qui se montra pour la première fois.

— Prisonnière!...

— Parfaitement, — d'ailleurs, soyez tranquille, il ne vous sera fait aucun mal.

— Prisonnière! — répéta la nourrice, — et de qui?

— De votre serviteur, très humble, — fit Trabucos en saluant ironiquement.

— De vous ?

— En personne.

— Et pourquoi ?

— Ce n'est pas mon secret.

— Et, jusqu'à quand ?

— Il m'est impossible de vous le dire, vu que je ne le sais pas moi-même...

— Mais, monsieur, c'est une infamie !

— Possible.

— Il y a une justice, en ce monde... il y a des juges à Paris ! je porterai plainte, je vous ferai condamner !...

— Allons donc !

— Oui, monsieur, oui, je le ferai...

— Eh! non, vous ne le ferez pas!!

— Qui m'en empêchera?

— Le bon sens... quand on vous apprendra certaines choses, que je ne puis vous dire, mais que vous saurez bientôt, vous ne songerez qu'à vous taire.

— Au moins, Monsieur, je vous le demande à genoux, dites-moi quel malheur menace ma pauvre maîtresse... ma chère Louise?...

— Aucun.

— Mais... on l'enlève?...

— De son plein gré, je vous assure.

— Cependant...

— Ah! ma bonne dame, de grâce,

cessez vos questions, elles ne serviraient qu'à me mettre dans la fâcheuse nécessité de refuser de vous répondre. — J'ai une consigne, je l'exécute, voilà tout... — donnez-vous la peine de me suivre...

— Où me menez-vous?

— Dans une jolie petite chambre du premier étage... vous y serez comme chez vous.

Trabucos quitta la pièce dans laquelle avait eu lieu le précédent entretien...

Suzanne le suivit.

En traversant le couloir qui conduisait à l'escalier, la bonne nourrice eut la pensée de s'enfuir et jeta vers la porte d'entrée un regard furtif et interrogateur.

Mais le cas était prévu, l'homme en blouse, — immobile, — les bras croisés et la pipe à la bouche, — se tenait devant cette porte, rendant ainsi toute évasion impossible.

Trabucos et la vieille femme montèrent les degrés tremblottants d'un mauvais escalier et entrèrent ensemble dans une chambre presque nue dont l'unique fenêtre ouvrait sur la campagne.

A travers cette fenêtre, amplement garnie de solides barreaux, et aussi loin que la vue pouvait s'étendre, on ne découvrait que les ailes tournoyantes de quelques moulins à vent, ou ces roues gigantesques exhaussées sur des massifs de maçonnerie et qui servent à l'exploitation des carrières.

— Voici, jusqu'à nouvel ordre, votre domicile politique, — dit Trabucos à Suzanne en lui montrant du doigt un lit de sangle et une chaise. — quand vous aurez faim ou soif, ma chère dame, on vous donnera à manger et à boire, — rien ne vous manquera, et peut-être ce soir, peut-être demain, peut-être dans huit jours, vous serez libre de vous en aller, — ainsi donc, croyez-moi, ne vous faites pas de mauvais sang, car ça ne servirait absolument à rien.

« Sur ce, j'ai l'honneur de me déclarer votre serviteur de tout mon cœur, et je vous laisse méditer en paix sur les vicissitudes des choses de ce monde en général, et des voyages en particulier...

Trabucos fit deux pas vers la porte,

puis il s'arrêta et se retourna pour ajouter :

— A propos, ma chère dame, vous aurez la complaisance, n'est-ce pas, de ne point ouvrir la fenêtre et de ne point appeler à votre secours, car vous nous mettriez ainsi dans la nécessité douloureuse de vous attacher les mains et de vous bâillonner, ce qui, vous le comprenez à merveille, serait, quoiqu'indispensable, singulièrement pénible et pour vous et pour nous.

Suzanne ne répondit pas.

Trabucos salua de nouveau, sortit et ferma la porte à double tours, puis il cria :

— Ici, Cabestan !

— Voilà, — répondit l'homme en blouse en montant l'escalier.

— Tu vas t'asseoir là sur cette marche — poursuivit Trabucos, — tu vas y fumer ta pipe et ne pas bouger, car souviens-toi de ce que je te dis, mon bonhomme, si madame s'échappe, foi de Trabucos je te casse les reins ! !

IX

L'ALLÉE DE LA SANTÉ.

La berline continuait à rouler du côté de la barrière d'Enfer, car, disons-le en passant, le postillon en quittant la rue Saint-Dominique ne s'était nullement dirigé vers Charenton, et c'est pour empêcher Suzanne de s'apercevoir de ce changement de route que M. de Préaulx avait baissé les stores.

Dyck-Chester fouettait les chevaux à outrance, et, pour nous servir d'une expression consacrée par l'usage, il *brûlait le pavé.*

Cette rapidité excessive centuplait les souffrances de Louise et à chacun des brusques cahots de la voiture une contraction douloureuse venait plisser son front et faisait frémir ses lèvres pâlies.

Martial prit dans ses deux mains l'une des mains de la jeune fille, et la serra avec une apparente effusion de tendresse et de pitié.

Louise, redressant à demi son corps, ployé par la douleur dans l'un des angles de la voiture, dit d'une voix grave, lente et sombre :

— Ainsi, Martial, c'est fini, — vous avez

atteint votre but, — vous n'avez reculé devant rien, pas même devant la ruse et la violence pour me séparer de tous ceux qui m'aimaient, — je suis maintenant en votre absolu pouvoir, — j'y suis, flétrie, j'y suis, déshonorée, — Martial, vous devez être content !

Ces derniers mots furent prononcés avec une indicible amertume.

— Combien vous êtes ingrate envers moi ! — répondit le jeune homme, — mais je ne puis vous en vouloir, pauvre enfant, — vous souffrez cruellement et la douleur vous égare... !

— Je vous l'ai dit, — poursuivit Louise, — nous n'avions, après notre honteuse faute, nous n'avions qu'un parti à prendre, qu'un refuge à espérer, — c'était un humble aveu, un aveu fait à deux genoux et le front dans la poussière, — c'était l'espoir de trouver dans le cœur de mon père miséricorde et pardon.... vous n'avez pas voulu, Martial, vous avez conçu je ne sais quel sombre projet, vous avez échaffaudé autour de moi je ne sais quelle trame obscure... faites, Martial, faites... achevez votre œuvre!... je me regarde aujourd'hui comme une fille maudite par son père, — morte à l'honneur et morte au monde... — je m'abandonne à vous... Marchez..! je suis si bien perdue, que vous ne pouvez pas me perdre davantage!

— C'est bien ! Louise, — s'écria le jeune homme avec une colère concentrée, mais qui, malgré lui, perçait dans le son de sa voix et dans l'expression de sa figure, — c'est bien ! accusez-moi....! maudissezmoi ! — Dites que je vous perds, alors que je vous sauve.. ! Dites que je ne vous aime pas... dites que je ne vous ai jamais aimé.. je suis calme en vous écoutant, Louise, car l'avenir parlera pour moi...

Martial se tut.

Il était pâle et ses yeux étincelaient.

Mademoiselle de Basseterre remua les lèvres pour répondre.

Mais au lieu des paroles attendues, un cri s'échappa de sa gorge haletante.

Ses membres, tordus par une convulsion, craquèrent comme des sarments jetés dans un brasier.

Ses prunelles tournèrent dans leurs orbites, et ne laissèrent voir que le blanc des yeux, injecté de sang.

Puis enfin elle murmura d'une façon inarticulée, et en entrecoupant chaque mot par des cris :

— Oh... mon Dieu !.. mon Dieu !... plutôt.... mourir.... que... de.... souffrir ainsi... !

Les premières douleurs de l'enfantement s'emparaient de la malheureuse fille.

Martial se pencha, brisa du poing la glace de devant de la voiture et cria à Dyck-Chester, d'une voix assez retentissante pour dominer le bruit du galop et l'assourdissant fracas des roues sur la chaussée :

— Plus vite ! — Plus vite ! — crève les chevaux, mais arrive ! !

Le postillon enfonça de nouveau les molettes de ses éperons sanglants dans le ventre de son porteur,— il cingla de coups de fouet ses flancs couverts d'écume, — et l'attelage s'emporta avec une vitesse croissante et furieuse. —

Dix minutes se passèrent ainsi.

Durant ces dix minutes on avait fait une lieue, et Dyck-Chester arrêta net ses chevaux épuisés, à cent pas environ de la barrière d'Enfer.

Martial sauta en bas de la voiture. — Louise était plus calme, mais brisée par la crise qu'elle venait de subir.

Le jeune homme revint au bout de quelques secondes avec un fiacre qu'il avait été cherché à la station de la barrière, et dans lequel il fit monter Louise.

Lui-même s'assit à côté d'elle après avoir dit au cocher : — boulevard d'Enfer, — *Allée de la Santé*, n° 2.

Le fiacre s'ébranla lourdement.

§

Les boulevards extérieurs, — nous disons cela pour ceux de nos lecteurs qui ne connaissent point Paris, ou pour les Parisiens qui n'ont jamais quitté le faubourg Saint-Honoré, la rue Saint-Denis, ou la Chaussée-d'Antin, (et il y en a plus qu'on ne le pense,) — les boulevards extérieurs, sont une des choses les plus belles, mais les plus tristes, qu'il soit possible d'imaginer.

Cette route large et plantée d'arbres gigantesques qui tourne autour de la grande ville et l'enferme dans une ceinture verdoyante, est presque toujours et presqu'absolument déserte.

Certaines parties, il est vrai, celles par exemple qui avoisinent la barrière Rochechouart et la barrière Blanche, s'émaillent de cabarets borgnes et de misérables guinguettes. — d'autres, grâce à la proximité de la *Grande-Chaumière* et de *la Chartreuse* voient affluer durant les beaux soirs de l'été la population insouciante des étudiants et des grisettes, qui viennent, sous la surveillance du vénérable père Lahire et de Messieurs les agens de police, se livrer aux délices excentriques du cancan et de la polka.

Mais sauf ces rares exceptions, les boulevards qui nous occupent offrent l'aspect d'une majestueuse et lugubre solitude.—

§

Après une demi-heure de marche, le fiacre de Martial s'engagea dans *l'Allée de la Santé*, étroite avenue, longue de quelques centaines de pas et débouchant tout auprès du boulevard d'Enfer.

Cette *Allée* est aujourd'hui presqu'entièrement bordée de maisons, mais en 1805, elle n'en comptait guères que cinq ou six.

Celle qui portait le n° 2 et devant laquelle s'arrêta la voiture, était sans contredit la plus considérable des alentours.

Elle avait trois étages, badigeonnés à neuf, et chacune de ses fenêtres était munie de volets verts, presque tous soigneusement fermés. —

Au-dessus de la porte d'entrée, un grand tableau, peint à l'huile et retenu contre la muraille par de forts crampons de fer, représentait une belle dame, élégamment vêtue à la mode du temps, et ramassant *sous un chou* un gros enfant nouveau né, frais et joufflu comme un amour, et tendant vers la dame en question ses petites mains grassouillettes.

Le *Ciel* était d'un beau rose pâle, semé

de petits nuages bleuâtres, — l'un de ces nuages s'entr'ouvrait et laissait apercevoir les mollets rebondis d'un second enfant, prêt à tomber sous un deuxième chou.

Au bas de l'objet d'art que nous venons de décrire imparfaitement, se lisaient les mots suivants, écrits en magnifiques lettres dorées de six pouces de haut.

MADAME Vve LABRADOR

sage femme,

fait les accouchements, — reçoit des pensionnaires, — traite à forfait.

DISCRÉTION A TOUTE ÉPREUVE.

Martial descendit de voiture et sonna à la porte.

Chose étrange ! cette porte était bardée de fer et hérissée de gros clous à têtes saillantes — un petit guichet, revêtu d'une grille épaisse, achevait de lui donner une complète ressemblance avec l'entrée d'une prison.

Au bout d'un instant le guichet s'ouvrit et une voix tremblottante demanda :

— Qui est là ?

— Moi, *Régulus*, — répondit Martial.

— Est-ce que *Madame* vous attend ?

— Oui, — elle est prévenue de mon arrivée.

— Etes-vous seul ?

— Non, j'amène une dame.

— Eh bien, restez-là un moment, je vais voir.

Le guichet se referma, et Martial, frappant du pied avec une impatience fébrile, se promena de long en large d'un pas rapide entre le fiacre et la maison.

Son attente ne fut pas longue.

La lourde porte tourna sur ses gonds criards, et une vieille femme apparut sur le seuil en disant :

— Vous pouvez entrer, monsieur *Régulus*.

— Enfin ! — murmura le jeune homme, — c'est ma foi bien heureux !

Aidé par la vieille femme, il fit sortir de la voiture Louise engourdie par la douleur et presque évanouie, — il paya le cocher, et, prenant sa maîtresse dans ses bras, il pénétra dans l'intérieur de la maison.

La vieille referma soigneusement la porte, et poussa de triples verroux, ensuite se tournant vers Martial, elle lui dit :

— Montez, monsieur Régulus, *madame* vous attend dans le salon du premier étage.

X

LA SAGE-FEMME.

Arrivé au premier étage, Martial, tenant toujours entre ses bras Louise complètement évanouie, se trouva en face d'un corridor assez long.

Cinq ou six portes latérales ouvraient dans ce corridor.

Un épais tapis, si moelleux qu'on croyait

en le foulant marcher sur un lit de ouate, assourdissait le bruit des pas.

En face, se voyait une portière de damas entrebâillée.

C'est vers cette dernière issue que se dirigea le jeune homme, qui semblait parfaitement au fait des êtres de la maison.

Le salon dans lequel il entra offrait un aspect si surprenant, qu'il mérite, sans contredit, les honneurs d'une description particulière et détaillée.

Qu'on se figure une pièce de moyenne grandeur, entièrement tendue d'un papier vert sombre, sur lequel des baguettes de cuivre doré dessinaient de nombreux panneaux.

Dans ces panneaux étaient fixés des

socles d'ébène, et chacun de ces socles supportait, celui-ci des préparations anatomiques, celui-là de petits squelettes dans des attitudes bizarres, — d'autres enfin de grands bocaux de cristal remplis d'esprit de vin dans lequel nageaient de monstrueux avortons et de hideux fœtus.

Au milieu du salon, sur un piédestal de trois pieds de haut, se trouvait un groupe allégorique et mythologique, presque de grandeur naturelle et d'un merveilleux travail.

Ce groupe représentait le petit Dieu *Cupidon*, armé de sa torche et les yeux couverts du classique bandeau. — *L'enfant malin* (pour nous servir du style de l'époque) était au moment de trébucher sur le bord d'une tombe entr'ouverte, et conduisait par la main *la Mort*, à laquelle il servait de guide.

Nos lecteurs conviendront sans peine que, dans le sanctuaire d'une sage-femme, ces emblèmes étaient d'un choix singulier et peu rassurant.

Ce n'est pas tout.

Une très complète collection de ces effroyables instruments de chirurgie dont la vue seule donne le frisson, et dont nous tairons et la forme et l'usage par égard pour les nerfs délicats de nos *charmantes* lectrices, se trouvaient réunis en faisceau et formaient un trophée dans l'un des angles du salon.

La cheminée était en marbre noir, et la pendule d'ébène, incrustée d'argent, supportait une tête de mort, jaune et polie comme du vieil ivoire.

Le damas sombre qui recouvrait les meubles s'assortissait aux couleurs du papier de la tenture.

Une femme, assise dans une *bergère* au coin de la cheminée, se leva vivement et fit deux pas au-devant de Martial.

Cette femme était madame Labrador, la maîtresse de la maison.

Petite, agile, grasse, brune et fortement colorée, madame Labrador pouvait avoir de trente-deux à trente-cinq ans.

Sa figure était agréable, — ses lèvres souriaient sans cesse, et n'était l'expression fausse et presque sinistre de ses grands yeux noirs à fleur de tête, on aurait juré qu'il ne se pouvait point rencontrer de plus joyeuse et de plus charmante commère.

Un bonnet de tulle, ruché et orné de fleurs artificielles et de papillons, trônait sur les boucles crêpées de ses cheveux d'ébène.

Une robe de soie marron, serrée à outrance, sanglait sa taille replète.

Elle portait sur cette robe un grand tablier blanc, — semblable à celui dont les chirurgiens font usage à la Clinique.

Ce tablier, à demi retroussé, se tachetait çà et là de gouttelettes de sang.

Telle était madame Labrador au physique.

Quant à son moral, il nous sera bientôt donné de l'apprécier.

La sage-femme, — nous le répétons, — fit quelques pas au-devant de Martial.

— C'est donc vous, monsieur Régulus, — lui dit-elle, — je vous attendais plus tôt, d'après ce que vous m'aviez dit l'autre jour.

— Je n'ai pas perdu une minute, — répondit le jeune homme en déposant Louise sur un *canapé*.

— Ainsi, voilà ma pensionnaire..... — continua la sage-femme en désignant mademoiselle de Basseterre.

— Oui, — fit Martial.

— Peste, je vous en fais mon compliment, — elle est jolie ! — Ah çà ! mais elle a donc ressenti déjà les premières douleurs, que la voilà évanouie ?

— Si elle a souffert ? Je le crois bien !...

je tremblais que nous ne puissions pas arriver à temps !

La situation eut été embarrassante, en effet ! — dit la sage-femme en riant gaîment, — un accouchement en voiture !... c'est rare et peu commode !..

Tout en parlant, madame Labrador s'approcha de Louise et lui tâta le pouls.

— Ah ! ah ! — fit-elle, — ça presse ! la dernière crise approche...... dépêchons-nous...

— De quoi faire ?...

— De porter cette Vestale dans la chambre que je lui destine... Aidez-moi, — ou plutôt, non, — sonnez Fanchon, elle me sera plus utile que vous... Les hommes sont si maladroits !

Martial obéit, et madame Labrador, soutenant par les épaules la jeune fille que la servante avait prise par le milieu du corps, la porta dans une petite chambre proprement et confortablement meublée, la déshabilla et la mit au lit.

Ceci fait, la sage-femme revint auprès de M. de Préaulx, qui l'attendait dans le salon.

Elle s'approcha de lui d'un air mystérieux, l'entraîna dans l'embrâsure de l'une des fenêtres, et lui dit à l'oreille en se haussant sur la pointe des pieds :

— Ah çà ! — nous n'avons point encore parlé de la chose la plus importante...

— Que voulez-vous dire? — demanda Martial.

— Vous ne devinez pas?

— Non.

— Eh bien donc, — puisque avec vous on doit mettre les points sur les *i*, — soyons clairs — FAUT-IL QUE L'ENFANT VIVE ?

Martial fit un soubresaut et regarda celle qui lui parlait.

Mais, tout en prononçant les épouvantables paroles que nous venons de souligner, la sage-femme n'avait point modifié l'expression habituelle de sa physionomie, et le plus gracieux sourire s'épanouissait sur ses lèvres roses.

— S'il faut qu'il vive! — s'écria M. de Préaulx, — certes ! je le crois bien...

— Mais, pas si haut!—pas si haut donc!

— interrompit madame Labrador en s'efforçant de mettre sa main sur la bouche de son interlocuteur, — est-ce qu'on crie ces choses-là à pleins poumons?... — Au nom du ciel, taisez-vous! nous ne sommes pas seuls dans la maison, songez-y !...

— Et vous, madame, — poursuivit Martial sans baisser la voix, — songez que je vous rends responsable de la vie de cet enfant et que vous m'en répondez... sur votre vie, à vous !!

— Eh mon Dieu, soit! — Dam! je pensais vous être agréable en vous demandant cela... j'aime bien mieux qu'il en soit autrement, au moins on ne se compromet pas! — mais j'en ai vu qui payaient bien cher la bagatelle dont vous vous effarouchez tant...

— Oh, c'est que moi, j'ai mes raisons, voyez-vous.

— Vos raisons! — tiens, et moi qui croyais que c'était l'amour paternel qui vous faisait parler....

Martial haussa les épaules, sans répondre.

— A propos, — continua madame Labrador, — vous n'oubliez pas, je le suppose, ce qui a été convenu l'autre jour...?

— A propos du paiement?

— Mon Dieu, oui. — J'ai toute confiance en vous, mais vous savez le proverbe: *un bon:* TIENS...

— *Vaut mieux que deux:* TU L'AURAS.
— C'est trop juste, voici la somme.

Et Martial mit dans la main de madame

Labrador un rouleau de vingt-cinq louis qu'elle vérifia soigneusement.

— Le compte y est, dit-elle.

Puis elle engloutit le rouleau dans l'immense poche de son tablier blanc.

— Vous voilà payée, n'est-ce pas? — fit Martial.

— Sans doute, monsieur Régulus, et je ne vous réclame rien.

— Eh bien, si dans cinq jours, celle que vous allez accoucher est en état de sortir d'ici,—je joindrai dix louis aux vingt-cinq que vous venez de recevoir.

— Dans cinq jours?

— Oui.

— Dam! ce que vous me demandez là est bien difficile.... presqu'impossible même, — cependant, on tâchera.

En cet instant un gémissement faible, partant de la pièce voisine dont la porte était restée entr'ouverte, annonça que Louise venait de reprendre connaissance.

A ce gémissement succéda un cri aigu.

— Nous y voilà, — dit la sage-femme, — le moment est arrivé! — je me sauve; — pendant ce temps-là, restez ici, monsieur Régulus, vous ne feriez que m'embarrasser là-bas.

Madame Labrador détacha quelques instruments du trophée étrange dont nous avons déjà parlé, puis elle quitta précipitamment le salon.

Pendant plus d'une heure Martial, qui foulait le tapis d'un pas inégal et rapide, entendit retentir, sinon à son cœur, du moins à son oreille, des clameurs et des plaintes, semblables à celles que doivent pousser les damnés dans l'enfer.

A ces clameurs et à ces plaintes se mêlaient des craquements d'os et des bruits de fer se heurtant contre du fer.

C'était horrible.

Et cependant Martial restait impassible.

Parfois le silence se faisait pour un instant.

Puis, après cette minute de répit revenait un cri plus aigu et plus déchirant que ceux qui l'avaient précédé.

Enfin, et peu à peu, soit que les angoisses fussent moins intolérables, soit que l'excès de la torture eut amené un complet épuisement, les plaintes s'affaiblirent, et allèrent en décroissant, aux soupirs et aux sanglots de la malheureuse fille se mêlèrent les vagissements d'un enfant nouveau né. et madame Labrador jeta à Martial à travers la cloison, avec un accent de triomphe et de joie la phrase consacrée :

— C'est un garçon ! — la mère et l'enfant se portent bien !

XI

TROIS ÉCRITS.

L'accouchement avait été pénible, mais madame Labrador était une femme habile et expérimentée, et Louise, malgré les tortures qu'elle venait de subir, se trouva, aussitôt après sa délivrance, dans un état beaucoup plus satisfaisant qu'on n'aurait pu l'espérer et le croire.

Lorsque Martial entra dans la chambre

de la jeune fille, deux heures après la naissance de l'enfant qui sera le héros de ce livre, mademoiselle de Basseterre dormait d'un sommeil profond quoiqu'agité.

Madame Labrador, assise au pied du lit, berçait entre ses bras l'innocente créature qui faisait son entrée dans la vie sous de bien tristes auspices.

Martial s'approcha de Louise et, sans la réveiller, il détacha une petite croix d'or qu'elle portait à son cou.

La sage-femme le regardait avec surprise.

Il se pencha vers elle et lui dit tout bas :

— Venez, et apportez l'enfant.

Madame Labrador le suivit.

Tous deux passèrent au salon.

Martial attisa le feu et posa sur les braises ardentes la croix d'or qu'il tenait à la main.

— Qu'allez-vous faire ? — demanda la sage-femme.

— Vous le verrez — répondit-il.

Déjà le bijou, chauffé à blanc, ne se distinguait presque plus des charbons incandescents qui l'environnaient.

Martial prit l'enfant et défaisant avec précaution les langes dont il était enveloppé, il mit à nu son bras et sa petite épaule.

— Qu'allez-vous faire ? — répéta madame Labrador.

Mais cette fois Martial ne répondit point.

Il saisit avec des pincettes la croix brûlante et presque en fusion, et l'appuya fortement sur le bras droit de son fils.

Les chairs frémirent, — une légère fumée s'éleva, et l'enfant, chez qui le sentiment de la douleur précéda l'instinct de la vie, poussa un faible cri.

Martial, arracha la croix d'or, et sourit en voyant l'empreinte nette et ineffaçable qu'il venait de produire.

— Voilà qui est bien! — dit-il. — Reprenez cet enfant, remettez-le dans son berceau, et revenez ici. — Nous avons à causer.

La sage-femme obéit.

Pendant sa courte absence, Martial alla chercher dans l'un des angles du salon une petite table sur laquelle se trouvait du papier, des plumes, et une écritoire.

Il approcha cette table de la cheminée, disposa une large feuille de vélin et trempa dans l'encre une plume fraîchement taillée.

Madame Labrador rentra.

— Me voici, — fit-elle, — je pense que vous allez enfin m'expliquer....

Martial l'interrompit en lui disant :

— Asseyez-vous...

Et du geste il indiqua la chaise qu'il venait de placer devant la table.

— Mais....

— Asseyez-vous, — répéta-t-il.

— M'asseoir...! pourquoi faire ?

— Pour écrire.

— Quoi ?

— Je vais vous dicter.

Madame Labrador s'assit en murmurant :

— Cependant, je voudrais savoir...

— Ecrivez ! — dit le jeune homme.

— Ah ! çà, mon cher, — vous me parlez comme si vous étiez le maître ici et comme si j'étais la servante, mais je vous préviens....

— Ecrivez! — répéta Martial, et cette fois d'un ton tellement impératif que la sage-femme baissa la tête et prit la plume.

— Etes-vous prête? — demanda-t-il.

— Oui.

— Je dicte :

« *Moi, soussignée, — veuve Labrador, — sage-femme, — demeurant à Paris, allée de la Santé, n° 2, — déclare que mademoiselle Louise de Basseterre, — fille unique et mineure du marquis de Basseterre, — est venue en ma maison, aujourd'hui 7 mars 1803, pour y réclamer mes soins et qu'elle y est accouchée sur les trois heures de relevée, d'un enfant du sexe masculin, né viable, dont elle m'a affirmé que monsieur Martial de Préaulx était le père naturel.*

« *Je déclare en outre que cet enfant porte sur le bras droit entre le coude et l'épaule, une empreinte indélébile en forme de croix, empreinte faite en ma présence, par monsieur Martial de Préaulx, avec un bijou rougi au feu, — bijou appartenant à mademoiselle de Basseterre.*

« *En foi de quoi j'ai signé le présent écrit,* »

Veuve LABRADOR.

Ce 7 mars 1803.

— Mais, — dit la sage-femme quand elle eut achevé, — la jeune personne s'appelle donc mademoiselle de Basseterre ?

— Vous le voyez.

— Et vous, monsieur Régulus, vous, vous êtes monsieur de Préaulx?

— Sans doute.

— C'est bon à savoir, — murmura madame Labrador.

Martial devina au mouvement des lèvres la pensée de la sage-femme, et il sourit de son plus mauvais sourire.

— Nous n'avons pas fini, — reprit-il après avoir plié en quatre et mis dans son portefeuille la déclaration précédente.

— Il y a encore quelque chose à écrire?

— Oui.

— Par exemple! c'est trop fort, et je refuse!!

— Dépêchons-nous, — s'écria Martial en frappant du pied.

Comme la première fois, la sage-femme comprit qu'elle était la plus faible et céda.

Martial reprit sa dictée :

« *Moi, soussignée — veuve Labrador, — sage-femme, — demeurant à Paris, allée de la Santé, n° 2, — déclare que j'ai offert à M. de Préaulx de le débarrasser de l'enfant qui vient de naître, et j'ajoute que si cet enfant vit encore, c'est uniquement parce que M. de Préaulx a repoussé avec horreur ma détestable proposition.*

« *En foi de quoi j'ai signé le présent écrit.* »

Ce 7 Mars 1805.

Madame Labrador, furieuse et épouvantée, s'élança de son siége, jeta la plume loin d'elle et s'écria :

— Je n'écrirai point!

— Est-ce que ce n'est pas l'expression de la vérité?

— Peut-être, mais il faut que vous soyez fou pour me proposer de pareilles choses.

— Je suis fou, soit! — mais je vous dis que vous écrirez....

— Non.

— Et que vous signerez!

— Non! cent fois non! J'aimerais mieux mourir!...

— Eh bien! à votre aise! — puisque

vous me forcez à employer les grands moyens, tant pis pour vous... Vous parlez de mourir! — C'est le mieux du monde! — Écrivez, ou je vous tue.

Tout en disant ces mots, Martial avait tiré de sa poche un petit pistolet à deux coups.

Il l'avait armé avec le plus grand calme, et, posant le doigt sur la détente, il en dirigeait le double canon contre la sage-femme.

— J'obéis... j'obéis...! — s'écria cette dernière, pâle d'effroi et suppliante; — mais, au nom du ciel, ne me tuez pas!... Je ferai tout ce que vous voudrez!!!

— Hâtez-vous donc! — dit alors Martial

en désarmant son pistolet et en le remettant dans sa poche.

La sage-femme chancelante se dirigea vers la petite table; — elle ramassa la plume et se laissa retomber sur sa chaise.

— Enfin, voyons, — demanda-t-elle d'une voix entrecoupée, — pourquoi me forcer à écrire et à signer un aveu qui peut me perdre?... Que vous ai-je fait, mon Dieu?...

— Vous ne m'avez rien fait, — répondit Martial, — mais vous savez mon véritable nom, et celui de la jeune fille qui dort dans la chambre voisine, — ceci est de trop, ma chère madame Labrador, et je veux pouvoir vous ôter la fantaisie de vous mêler de mes petites affaires, si cette fantaisie vous prenait, une fois que j'aurai quitté votre maison.

— Au moins, vous me jurez que jamais.....

— Je vous jure de garder votre secret, tant que vous garderez le mien ! Cela doit vous suffire. — Voyons, finissons-en, — j'ai à sortir, — hâtez-vous.

La tremblante sage-femme écrivit et signa.

Cette seconde déclaration fut rejoindre la première dans le portefeuille de M. de Préaulx.

— Retournez auprès de Louise, — dit-il alors, — j'ai besoin d'être seul un instant.

Madame Labrador quitta le salon, et Martial, la remplaçant à la petite table, traça les phrases suivantes, dont le style ambigu et mélodramatique n'aurait point déparé les plus mystérieux romans de ce bon M. Ducray-Duménil.

« *Des circonstances graves et qui intéressent au plus haut point le repos et l'honneur d'une puissante et noble famille, obligent les parents de l'enfant que voici, à cacher pour un temps sa naissance.*

« *On ne tardera point d'ailleurs à venir le réclamer.*

« *Il ne devra être remis qu'à la personne qui présentera le double de cette déclaration et de plus une petite croix d'or s'adaptant exactement à l'empreinte tracée sur le bras droit de cet enfant, auquel on est instamment prié de donner au baptême les deux noms de* Louis-Annibal.

« *Le jour où l'enfant sera rendu à sa fa-*

mille, une somme de dix mille livres sera comptée à celui ou à ceux qui auront pris plus spécialement soin de lui.

« Paris, 7 mars 1803. »

Après avoir écrit, puis copié en caractères romains (caractères qui rendent l'écriture méconnaissable), les quelque lignes que nous venons de reproduire, Martial s'ajusta des moustaches et des favoris postiches, s'enveloppa de son manteau et quitta la maison de madame Labrador.

§

Il était environ onze heures du soir quand M. de Préaulx revint frapper à la porte de la sage-femme.

Le guichet s'ouvrit et Martial fut introduit avec les précautions accoutumées.

— Où est votre maîtresse? — demanda-t-il à la vieille servante.

— Madame s'est couchée il n'y a pas un quart-d'heure.

— Il faut que je lui parle à l'instant. — Allez la prévenir, elle se lèvera. — Je vais l'attendre au salon; donnez-moi de la lumière.

Au bout d'un instant, madame Labrador rejoignait son visiteur.

— Que me voulez-vous encore? — lui demanda-t-elle.

— Je veux l'enfant.

— Pour l'emporter?

— Oui.

— Qu'en allez-vous faire?

— Cela me regarde.

— C'est juste, mais je dois vous annoncer une chose.

— Laquelle?

— C'est que vous tuerez la mère.

— Tuer la mère! que dites-vous?

— Elle ne dort plus. — Peu de temps après votre départ, la fièvre de lait s'est déclarée, — elle a presque le délire et son agitation est extrême ; — si elle se voit enlever son fils, il y aura redoublement de fièvre, transport au cerveau, et, ma foi, je ne réponds plus de rien.

— Il me paraît facile d'éviter ce malheur.

— Comment?

— Portez à Louise une potion calmante, — mêlez un narcotique à cette potion; — Louise est sans défiance, elle boira, et j'attendrai, pour prendre l'enfant, qu'elle soit endormie.

— Soit, — mais que dira-t-elle à son réveil?

— Ceci est mon affaire, et je me charge de tout; — quant à vous, ma chère Madame Labrador, faites ce que je vous dis, sans perdre de temps.

— J'y vais.

Et elle sortit du salon.

Un peu avant minuit, Martial quittant pour la seconde fois l'allée de la Santé, montait dans une voiture qui stationnait au boulevard d'Enfer.

Il portait sous les plis de son manteau l'enfant enveloppé de ses langes.

Dans ces langes étaient cachés deux objets.

D'abord une bourse contenant vingt-cinq louis.

Puis, l'acte de naissance qu'il avait rédigé lui-même et qui devait servir un jour à lui faire reconnaître son fils.

Le cocher avait sans doute reçu des

instructions spéciales, car il arrêta son véhicule vers le haut de la rue d'Enfer.

Là, Martial descendit. — Il fit quelques centaines de pas et se trouva en face d'une grande maison, à bon droit célèbre.

Cette maison était l'*hospice des Enfants Trouvés*.

Il tira le cordon d'une cloche.

Le *tour* s'ouvrit.

Il y déposa l'enfant, et, s'éloignant rapidement, rejoignit la voiture dans laquelle il monta et qui repartit aussitôt.

XII

MONSIEUR DE PRÉAULX.

Le moment nous paraît venu de dire à nos lecteurs ce qu'était en réalité ce personnage étrange, que jusqu'à cette heure nous avons connu sous le triple nom de *Martial de Préaulx*, de *Fabuleux* et de *Régulus*.

Cette explication comporterait de longs développements et ses détails offriraient, du moins nous le croyons, un vif intérêt de curiosité.

Mais, par malheur, la place nous manque.

Déjà ce PROLOGUE a pris sous notre plume, et pour ainsi dire à notre insçu, des dimensions exagérées.

Chacune des pages, cependant indispensables, que nous ajoutons maintenant, empiète sur la légitime propriété du récit qui se déroulera dans les prochains volumes.

C'est donc en quelque sorte, pour nous, un devoir de conscience, de nous abstenir de tout détail dont l'absolue nécessité ne nous semblera pas démontrée.

Nous devons nous borner à une trame sans broderies.

Nous devons crayonner une esquisse rapide, et ne revêtir ni d'ombres, ni de couleurs, les simples lignes de notre tableau.

C'est ce que nous allons essayer de faire.

§

Tout le monde sait comment le forçat *Coignard* était devenu, grâce à son incroyable hardiesse, *le comte Pontis de Sainte-Hélène*.

Personne n'ignore par quelles ruses machiavéliques, *Vautrin*, ce type magnifique qui domine, comme un colosse au front d'airain et aux pieds de boue, tous les personnages de la *comédie humaine*, s'était incarné en la personne de l'abbé *Carlos Herrera* le diplomate espagnol.

On ne sera donc point surpris d'apprendre que, par un procédé à peu près identique, l'homme qui nous occupe avait volé le nom et la position sociale du véritable *Martial de Préaulx*, dans les circonstances que voici :

Jacques Piedfort, domestique de confiance de M. Hubert de Préaulx, vieux et digne gentilhomme du midi de la France, avait épousé Marinette la fille de chambre de mademoiselle Pauline de Blangy, le jour même où cette dernière devenait la femme de M. de Préaulx.

Les nouvelles mariées accouchèrent en

même temps, neuf mois après cette double union, et mirent au monde chacune un fils.

L'enfant du gentilhomme reçut le nom de Martial.

Celui du valet s'appela Antoine.

Marinette Piedfort les nourrit tous les deux.

Monsieur de Préaulx voulut que les frères de lait fussent élevés ensemble et reçussent une éducation semblable, sans aucune distinction de naissance.

Ceci eut lieu, et l'on remarqua, non sans étonnement, qu'une fois l'âge de raison arrivé, Martial faisait preuve de beaucoup moins d'intelligence et d'aptitude que son camarade d'étude.

Mais en revanche le caractère du jeune gentilhomme était d'une douceur et d'une égalité parfaites, tandis qu'Antoine Piedfort se montrait violent, — rusé, — menteur, et envieux.

Ces dispositions détestables lassèrent peu à peu la bonne volonté de M. de Préaulx le père, et une juste sévérité dut remplacer l'indulgence qu'on avait témoignée jusqu'alors à l'enfant.

Cette sévérité l'exaspéra. — Il se roidit et voulut résister.

La patience de M. de Préaulx était à bout. — Le méchant garçon fut mis à la porte du château et contraint d'aller garder les bestiaux dans les champs.

Mais Martial, désolé, implora avec

larmes la grâce de son frère de lait. — Antoine, en apparence repentant et soumis, vint faire amende honorable et tout fut oublié.

Plusieurs années se passèrent ainsi.

Les enfants étaient devenus des jeunes gens, — déjà ils atteignaient leur dix-huitième année.

Un beau jour, Antoine força l'armoire de son père, — vola les économies du brave domestique, — et disparut sans qu'il fut possible, malgré toutes les recherches, de découvrir ce qu'il était devenu.

Nous pouvons renseigner nos lecteurs à cet égard.

Antoine avait gagné Paris.

Là, tant que dura son argent, il mena, sous un nom supposé, une vie d'orgies et de débauches.

Une fois sans le sou, il vécut d'industrie, et bientôt de rapines.

Sur ces entrefaites la révolution éclata.

Le fils du valet, bien digne de comprendre et d'apprécier les doctrines démagogiques, joua un rôle notable dans les clubs et dans les émeutes.

Il vendit plus d'un *suspect*, livra plus d'un *aristocrate*, et fit tomber plus d'une tête.

Puis, soupçonné à son tour, malgré son *patriotisme* éclatant et *prouvé*, l'honorable *citoyen* se vit forcé de quitter Paris et de se diriger vers la frontière.

Au moment de l'atteindre, il rencontra dans une misérable auberge de village un jeune homme qui fuyait comme lui, et qui, après l'avoir regardé longtemps, se jeta dans ses bras en pleurant.

Ce jeune homme était son frère de lait, Martial de Préaulx, dont le père venait de mourir sur l'échafaud et qui rejoignait l'armée des princes.

Le lendemain les deux fugitifs repartaient ensemble au point du jour.

Ils s'arrêtèrent pour passer la nuit suivante dans une ferme abandonnée.

Ils étaient entrés deux. — Un seul ressortit.

Antoine, d'un coup de pistolet avait brisé

la tête de son compagnon pour lui prendre son or, ses papiers et jusqu'à son nom.

On devine le reste.

Le plébéien, devenu noble par un meurtre, fut accueilli comme un frère par les émigrés.

Le récit de ses malheurs excita la sympathie et la compassion générales.

Le marquis de Basseterre, en particulier, se prit pour lui d'une vive tendresse, et le ramena en France, à son retour de l'émigration.

Aussitôt introduit dans cet intérieur, Martial, puisque tel était son nom désormais, conçut un plan d'une profondeur et d'une habileté diaboliques.

Il résolut de se rendre maître de l'immense fortune du marquis, en devenant son gendre malgré lui.

Pour cela faire, il commença par séduire la fille de son bienfaiteur.

Louise devint grosse, et nous l'avons vue suppliant son amant d'avouer à M. de Basseterre la faute qu'ils avaient commise et qu'un mariage pouvait effacer.

Mais ce n'était pas le compte de Martial.

Il craignait que le marquis, fouillant dans son passé avant de consentir à l'union qu'on lui demanderait, ne vint à faire briller quelque terrible lueur sur ses antécédents.

Pour éviter un dénouement semblable, voici ce qu'il avait résolu.

S'emparer de l'enfant que Louise mettrait au monde, pour rendre, en gardant cet enfant, tout autre mariage impossible.

Attendre la mort du marquis, — et, si cette mort tardait trop, aider par le poison l'œuvre lente de la vieillesse.

Une fois resté seul avec la mère aveugle et la fille séduite, il n'existait plus d'obstacles, et le faux Martial de Préaulx devenait le mari de l'une des plus nobles et des plus riches héritières de France.

Mais, pour arriver à ce but, il fallait triompher de difficultés sans nombre.

La première était de motiver une absence de Louise, absence assez longue pour rendre possible un accouchement secret.

Martial n'imagina rien de mieux que d'écrire la lettre que nos lecteurs peuvent retrouver au cinquième chapitre de ce prologue, lettre que la comtesse Arthémise de Basseterre, chanoinesse du chapitre noble de Remiremont, était censée avoir adressée à son frère depuis son lit de mort.

Signature, timbre et cachet, Martial imita tout.

Le succès fut complet, — nous le savons déjà, — et la pensée d'un soupçon ne traversa même point l'esprit confiant du marquis.

Nous avons vu Louise livrée à son hardi

séducteur, qui l'enlevait en plein jour, devant sa famille et devant ses gens.

Nous avons vu la séquestration de la bonne Suzanne, gardée par deux bandits, dans une maison déserte.

Nous avons assisté à l'accouchement de la jeune fille, chez madame Labrador la digne sage-femme de l'allée de la Santé.

Nous savons enfin ce qu'était devenu l'enfant.

Jusqu'ici, tout a marché au gré des désirs de Martial.

Un facile triomphe doit-il couronner de même la suite de son entreprise ?

C'est ce que nous apprendra l'avenir.

XIII

SUZANNE.

Il pouvait être une heure du matin, lorsque mademoiselle de Basseterre sortit du sommeil léthargique dans lequel elle avait été plongée par le breuvage de madame Labrador.

Une veilleuse en porcelaine, placée sur la table de nuit ne répandait dans la chambre qu'une clarté douteuse.

Louise, malgré sa faiblesse extrême, se souleva sur son coude et promena son regard autour d'elle.

Elle aperçut le berceau, — elle se souvint de tout ce qui venait de se passer, et elle se pencha pour voir son enfant.

Le berceau était vide.

Louise poussa un cri perçant et se laissa retomber en arrière.

Madame Labrador accourut, simplement vêtue d'un jupon et d'une camisole de nuit.

Elle tenait une lampe à la main.

— Eh bien! demanda-t-elle, — qu'est-ce? — qu'y a-t-il? et pourquoi criez-vous de manière à réveiller tous les gens qui dorment dans la maison??

— Mon fils... — dit la jeune mère d'une voix impatiente, — mon fils, — donnez-moi mon fils...

— Votre fils..... — répondit la sage-femme non sans un certain embarras, — je ne peux pas vous le donner...

— Pourquoi?

— Il n'est plus ici.

— Qu'en avez-vous fait?...

— Moi, rien.

— Mais... qui donc?..

— C'est monsieur Régulus qui l'a emporté...

— Monsieur Régulus??... — murmura Louise avec une profonde stupeur.

— Ah! c'est la langue qui me tourne... je voulais dire monsieur Martial, votre amant, enfin...

— Martial! lui! — qu'en a-t-il fait?..

— Il l'a porté en nourrice.

— Où?

— Tout près d'ici, — à Vaugirard, — chez une femme dont je lui ai donné l'adresse, — une bonne grosse paysanne, allez, fraîche, dodue, bien portante, et qui en aura joliment soin; — vous irez le voir sitôt que vous serez rétablie.

— Mais, — demanda Louise, un peu rassurée par la réponse de madame Labrador, — pourquoi donc m'avoir enlevé mon enfant sans me prévenir, sans me le laisser embrasser......?

— Dam! — d'abord parce que vous dormiez, ensuite parce que ça vous aurait fait de la peine de vous séparer de ce chérubin chéri qui est joli comme les amours, et parce que, dans votre état, il faut éviter par-dessus tout les émotions vives.

— Et vous m'assurez qu'on en aura soin?

— Pour ça, je puis en répondre, sur ma tête... le fils d'un roi ne serait pas mieux traité!

— Et je le verrai bientôt?

— Cela dépend de vous : — si vous vous

tourmentez, vous vous rendrez malade et ce sera du retard; — si au contraire vous vous laissez soigner paisiblement, dans cinq ou six jours vous pourrez embrasser ce charmant poupon.

— Il est beau, n'est-ce pas?

— Je vous l'ai déjà dit, il est aussi superbe que Cupidon, fils de Vénus, — mais c'est assez causé comme ça, ma petite dame; dormez, ça vous fera du bien; — et, tenez, commencez par boire ceci, c'est un calmant.

Madame Labrador présenta à Louise une tasse de porcelaine contenant le reste de la potion opiacée, — la jeune fille avala d'un trait ce breuvage. — L'effet fut prompt, — presqu'aussitôt elle se rendormit profondément.

Peu d'instants après, Martial rentra.

— S'est-elle réveillée? — demanda-t-il à la sage-femme.

— Oui.

— Alors, elle sait tout?

— Elle sait que l'enfant n'est plus là.

— Comment a-t-elle pris la chose?

— Mieux que je ne l'espérais.

— Vraiment?

— Oui. — Elle a commencé par crier et gémir; mais je n'ai presque point eu de peine à lui faire entendre raison.

— Que lui avez-vous dit?

— Que l'enfant était en nourrice à Vaugirard.

— Fort bien.

— Et qu'elle pourrait le voir dès qu'elle serait en état de sortir.

— C'est le mieux du monde. — Maintenant je me charge du reste. — A propos, Madame Labrador, vous n'avez pas oublié?

— Quoi?

— Ce que je vous ai promis.

— Ah! ah! — les dix louis supplémentaires...

— Précisément.

— Oh! je m'en souviens à merveille.

— Eh bien ! les gagnerez-vous ?

— Je l'espère, je puis même dire que j'en suis sûre, si toutefois il n'arrive point d'accidents inattendus.

— Bravo ! — pouvez-vous me donner un lit pour cette nuit ?

— Sans doute. — Venez par ici.

Martial suivit madame Labrador, et le plus profond silence ne tarda point à régner dans la maison de la sage-femme.

Cinq jours s'étaient écoulés depuis les évènements qui précèdent.

L'état de mademoiselle de Basseterre était complètement satisfaisant.

— Elle pourra partir demain, — avait dit à Martial la sage-femme, rayonnante à la pensée d'empocher les dix louis convenus.

M. de Préaulx, le matin du cinquième jour, monta dans un cabriolet de place, et, sortant de Paris par la barrière d'Enfer, il se fit conduire à la petite maison où Trabucos et Cabestan avaient la mission de garder Suzanne.

Trabucos fumait devant la porte.

— Te voilà, — dit-il à Martial, — ma foi tant mieux, car je commençais à trouver le temps terriblement long!

— Il n'y a plus que patience à avoir, —

répondit le faux gentilhomme, — demain je viendrai te relever.

— Tu auras raison, car vingt-quatre heures de plus, et, parole d'honneur, je crois que je désertais.

— Où est Cabestan?

— Sur l'escalier, — il n'en bouge.

— Et que fait la prisonnière?

— Pas grand chose, — elle passe la moitié de son temps à nous menacer de la justice, et l'autre moitié à nous promettre beaucoup d'argent si nous voulons la laisser aller...

— Ah! ah!

— Mon Dieu, oui, c'est comme ça! —

mais nous sommes incorruptibles. — Est-ce que tu montes ?

— Je suis venu pour cela.

— Eh bien! je te garantis que tu vas entendre une homélie d'un joli style!

— Je suis prêt à tout! — répondit Martial en riant.

Et il entra dans la maison.

Suzanne, lorsqu'elle entendit ouvrir la porte de sa chambre, quitta vivement la chaise sur laquelle elle était assise, et M. de Préaulx ne put s'empêcher de remarquer avec surprise le changement étrange et la profonde altération des traits de la pauvre femme.

En cinq jours elle avait vieilli de dix ans.

Ses yeux étaient caves et ses joues marbrées par les larmes.

A la vue de Martial, elle croisa ses deux bras sur sa poitrine avec un geste tout viril, et elle s'écria d'une voix sourde et presque menaçante :

— Enfin, c'est vous! — enfin, c'est vous!

— Mieux vaut tard que jamais, n'est-ce pas? — répondit Martial en essayant de prendre un ton plaisant, mais sans y réussir.

— Enfin, c'est vous! — répéta Suzanne pour la troisième fois, — et, puisque vous voilà, il faut que je sache enfin ce qui se passe !...

Et, tandis qu'elle parlait ainsi, elle s'était emparée du poignet de M. de Préaulx qu'elle serrait dans ses mains avec une violence convulsive.

— Je suis ici pour vous dire ce que vous avez envie de savoir, — répliqua le jeune homme, — mais, par le diable! lâchez-moi, Suzanne, vous me faites mal!

— Où est Louise? — cria la nourrice sans desserrer son formidable étau.

— Lâchez-moi, et je vous le dirai.

— Eh bien! parlez donc! vous voyez bien que je ne vous tiens plus!

— Louise n'est pas loin d'ici, — répondit Martial en frottant son poignet meurtri, — il ne tient qu'à vous de la voir demain.

— Que faut-il faire?

— M'obéir.

— Ordonnez!

— C'est ce que je vais faire, mais écoutez-moi d'abord, nourrice; quelques explications préliminaires sont indispensables.

— J'écoute.

Martial s'assit sur l'unique chaise, — Suzanne s'appuya sur le bord du lit, car ses jambes fléchissaient.

— Il faut que vous sachiez, — continua M. de Préaulx avec le plus cynique aplomb, — il faut que vous sachiez que depuis un an à peu près, je suis l'amant heureux de mademoiselle de Basseterre...

— C'est faux! — s'écria Suzanne en tressaillant comme si elle eût été soumise au contact d'une pile de Volta, — c'est faux! — c'est un mensonge infâme!...

— C'est si peu faux, — répondit froidement Martial, — que je vous ai séparé de Louise, pour la conduire dans la maison d'une sage-femme, où elle vient d'accoucher d'un fils.

Suzanne était pâle comme un linge.

Elle s'avança vers M. de Préaulx, en murmurant les paroles suivantes plutôt qu'elle ne les prononçait, car son gosier contracté par la douleur et la colère se refusait à l'émission distincte des sons :

— Ah! c'est ainsi...! et tu viens me le dire, à moi!.. et tu viens te vanter d'avoir souillé, lâchement, honteusement, cette fleur de beauté et d'innocence, cette blanche et pure enfant que j'ai bercée dans mes bras... que j'ai nourri de mon lait... ah! misérable...! misérable...! qui donc me donnera un couteau, que je te tue, comme on tue un serpent!!!

— Voulez-vous me faire le plaisir de m'écouter, Suzanne? — demanda Martial en profitant de l'instant où la nourrice se taisait, suffoquée par l'émotion.

— T'écouter! — et que peux-tu dire encore après ce que je viens d'entendre..?

— Je peux vous dire, que ce qu'il vous plaît d'appeler une infamie est une chose toute naturelle... — Louise et moi nous nous aimions....

— Dis donc plutôt, — interrompit Suzanne, — que tu t'es emparé d'elle par un crime, par la violence... !

— Comme il vous plaira, nourrice, je ne discuterai point avec vous sur les mots, d'ailleurs, amour ou crime, ont eu le même résultat, — Louise est mère, mais sa faute est secrète, et peut se réparer....

— Se réparer... ! comment?

— Un mariage...

— Avec toi??

— Sans doute.

— Allons donc ! — depuis quand les valets épousent-ils les filles de leurs maîtres ?

— Suzanne ! — s'écria Martial en devenant pourpre de fureur et d'orgueil blessé, — Suzanne, prenez garde ! !

Ces paroles furent accompagnées d'un geste menaçant, mais presqu'aussitôt Martial ressaisit tout son empire sur lui-même, et ajouta d'un ton plus calme :

— Je ne suis point le valet de votre maître, Suzanne, et, quoique je sois pauvre, ma noblesse vaut la sienne !

— Toi, noble ! — répondit la vieille femme avec une expression de souverain mépris, — toi noble ! — tu dois être le fils du laquais de ta mère ! !

Suzanne, — on le voit, — créait d'avance, dans sa légitime colère, la magnifique imprécation que notre grand poète devait mettre plus tard dans la bouche de son *Triboulet*, lorsque le fou du roi crie aux seigneurs débauchés de la Cour de François Ier :

Des gentilshommes ! — vous ! — au milieu des huées,
Vos mères, aux laquais, se sont prostituées !!

Martial demeura impassible, sous le coup de cette nouvelle insulte.

Suzanne continua :

— Non, tu n'es pas noble, toi qui flétris la fille de ton bienfaiteur, — non, tu n'es pas noble, toi qui salis la maison qui t'abrite, — toi qui veux changer en poison pour ceux qui te le donnent, le pain qu'on partage avec toi ! — tu n'es pas noble car tu es lâche, et moi, moi qui ne suis qu'une pauvre servante, — je te méprise et je te crache à la face, lâche et misérable que tu es.. !

— Tout ceci est fort bien, — répliqua Martial avec un imperturbable sang-froid. — Mais il faut en finir, nourrice, car il est urgent de songer à nous entendre...

— Nous entendre ! ! !

— Oui.

— Moi et toi...??

— Oui.

— Jamais !

—C'est ce qui vous trompe, nourrice, et vous allez le voir.

— Quel nouveau mensonge, quelle infamie nouvelle, va-t-il inventer.....? — murmura Suzanne.

— Ah! çà, — reprit Martial avec impatience, — faites-moi le plaisir de m'écouter sans m'injurier et sans m'interrompre, ou je vais vous faire bâillonner.

Frémissante de colère, mais domptée par cette menace, la nourrice se tut.

— Je vous répète, — continua M. de Préaulx, — qu'il faut que nous nous entendions! — Dans l'intérêt de Louise, il le faut! — vous et moi nous sommes à l'heure qu'il est les seuls dépositaires du secret de sa faiblesse, — il est nécessaire, il est *indispensable* que vous sachiez garder ce secret....

— Et certes, voilà ce que je ne ferai pas, voilà ce que je ne veux pas faire! aussitôt libre, je révélerai votre infamie à monsieur le marquis, et il vous traitera comme on traite les gens de votre sorte...

— Vous êtes folle, nourrice! — en agissant ainsi vous perdriez mademoiselle de Basseterre, — je serais chassé de l'hôtel, Louise resterait déshonorée et sa vie serait à tout jamais perdue... — Si vous vous taisez, au contraire, le marquis se laissera toucher, et le mariage effacera notre faute. — Vous voyez bien que vous vous tairez!

— Non, — car être votre femme, ce serait pour Louise la pire des hontes et le plus grand des malheurs... je parlerai...

— C'est votre dernier mot?

— Oui.

Cette fermeté inébranlable, à laquelle il était loin de s'attendre, dérangeait étrangement les plans de Martial et remettait en question le résultat d'une partie qu'il avait cru gagnée.

Il résolut de tenter un dernier effort et d'obtenir, par la terreur, ce que Suzanne refusait à la persuasion.

Pour cela faire, il ouvrit la porte et cria depuis le haut de l'escalier :

— Trabucos ! — Cabestan !

Les deux hommes accoururent.

— Madame n'est pas raisonnable, — leur dit-il en désignant Suzanne.

— Tant pis ! — répondit Trabucos.

— Et nous sommes forcés de nous arrêter à un parti pénible... bien pénible... — continua Martial.

— Lequel ?

— Madame ne sortira plus d'ici.

— Très bien, — fit Trabucos en faisant étinceler la lame d'un long couteau.

— Inutile ! — s'écria Martial, — pas de sang, mes amis, — quelques moellons et un peu de mortier, voilà tout ce qu'il faut.

— Que veux-tu dire ?

— Je veux dire que vous allez murer la fenêtre et la porte de cette chambre; — en dix minutes ça peut être fait, — dépêchez-vous, nous retournerons à Paris ensemble, parfaitement rassurés sur la discrétion de Madame.

— Suffit, — répondit Trabucos en descendant avec Cabestan.

Martial et Suzanne restèrent seuls.

La nourrice tremblait de tous ses membres.

M. de Préaulx l'observait à la dérobée.

La malheureuse femme fit, à deux reprises, un effort pour parler, mais sans pouvoir articuler un seul mot.

En face de la mort affreuse dont on la menaçait, elle avait perdu son assurance et son courage.

Enfin, elle parvint à murmurer :

— Laissez-moi vivre.. je ne parlerai pas...

— Ah! ah! — fit Martial, — vous avez réfléchi? — tant mieux, nourrice, tant mieux! — Ainsi vous promettez de ne pas me trahir?...

— Oui.

— Ce n'est pas tout que de le promettre, il faut le jurer...

Martial tira de sa poche un petit livre qu'il ouvrit, puis il continua :

— Il faut le jurer sur l'*Évangile* que voici ; — il faut le jurer sur votre part de paradis, et par le salut de votre âme.

Suzanne étendit la main et fit le serment demandé, dans la forme que Martial exigeait.

En ce moment, Trabucos et Cabestan reparurent chargés de moellons.

— L'affaire est arrangée, mes amis, — leur dit M. de Préaulx ; — cette chère nourrice s'est rendue à l'excellence de mes arguments, et demain je la prendrai en passant. — Jusque là, continuez à lui tenir bonne et fidèle compagnie. — Il n'y a plus que patience, comme je le disais à Trabucos tout à l'heure.

Puis, Martial quitta la chambre, remonta dans le cabriolet qui l'avait amené, et regagna rapidement Paris.

XIV

LES COMPLICES.

Le lendemain, au point du jour, après avoir largement payé les bons soins de madame Labrador, Martial montant dans un fiacre avec Louise, encore bien pâle et bien faible, se faisait mener à la barrière d'Enfer où stationnait la voiture conduite par notre ancienne connaissance, le faux postillon Dyck-Chester.

En moins d'une heure la berline atteignit la petite maison où Suzanne était prisonnière.

La nourrice, enfin mise en liberté, reprit sa place à côté de Louise à qui elle ne put que serrer les mains en les mouillant de larmes amères.

Trabucos, debout sur le seuil, cria d'une voix retentissante :

— Bon voyage, mes chers enfants ?

Et la voiture, s'ébranlant de nouveau, se dirigea cette fois vers la route de l'Orléanais.

A la première poste on changea de chevaux et Dyck-Chester regagna Paris, où il n'eut rien de plus pressé que de vendre, pour son compte, l'attelage payé par Martial,— transaction commerciale qui, de sa part, nous paraît, à vrai dire, la chose du monde la moins surprenante.

Le lendemain, dans la matinée, les voyageurs arrivaient au château de Bois-Tracy, résidence de la comtesse Arthémise de Basseterre, sœur du marquis.

Nous savons déjà que la lettre qu'on croyait écrite par la chanoinesse à son frère, avait été tout simplement fabriquée par Martial, dont elle servait les projets en fournissant le prétexte nécessaire pour éloigner Louise de sa famille.

Le hasard avait permis que les assertions de cette lettre apocryphe, fussent, presque de point en point, conformes à la vérité.

Ainsi, la chanoinesse s'était bien réellement vue contrainte de prendre le lit durant la semaine précédente, et sa maladie, sans être désespérée, donnait cependant à ses médecins de vives inquiétudes.

Elle éprouva une joie profonde de l'arrivée inattendue de sa nièce, mais à cette joie ne se mêla nul sentiment de surprise.

De leur côté, Louise et Suzanne à qui la leçon avait été faite par Martial, ne dirent pas un mot qui dut éveiller les soupçons de la chanoinesse, laquelle demeura convaincue que M. de Basseterre, ne pouvant venir lui-même, lui envoyait sa fille de son propre mouvement.

La comtesse Arthémise voulant adresser à son frère une lettre dans ce sens, se servit de Martial comme de secrétaire, et le hardi jeune homme, modifia à son gré les expressions qui pouvaient amener la découverte de sa ruse.

A cette lettre que la chanoinesse signa sans la relire, Louise joignit quelques lignes, par lesquelles elle annonçait son prochain retour.

En effet, le jour du départ était déjà fixé, quand l'indisposition de la comtesse Arthémise prit tout à coup un caractère imprévu d'extrême gravité.

Vainement les soins les plus éclairés et les plus assidus lui furent prodigués sans relâche, — au bout de deux fois vingt-quatre heures, la malade octogénaire rendit son âme à Dieu, en appelant une dernière bénédiction sur le front pâli de Louise, qui pleurait agenouillée à son chevet.

La jeune fille se fit précéder à Paris par cette triste nouvelle, et, après avoir assisté aux funérailles de sa tante, elle se remit en route, vêtue de deuil et le cœur doublement brisé.

L'absence de Louise, — y compris le temps passé dans la maison de madame Labrador, — avait duré un peu moins de trois semaines.

§

La nuit tombait au moment où la berline faisait son entrée dans la cour de l'hôtel de la rue Saint-Dominique.

Tandis que Martial rentrait dans son appartement, et serrait, dans l'armoire secrète que nous connaissons, la double déclaration de la sage-femme et l'acte de naissance qu'il avait rédigé lui-même, Louise mêlait ses pleurs à celles de son père, et couvrait de baisers les paupières sans regards de la pauvre aveugle, sa mère.

— Un valet de pied vint frapper doucement à la porte de M. de Préaulx.

— Entrez, — fit ce dernier. — Ah! c'est vous, Comtois, que voulez-vous, mon ami ?

— Je viens, — répondit le domestique, — pour avoir l'honneur de prévenir Monsieur, qu'il y a dans l'antichambre deux personnes qui le demandent...

— Deux hommes ?...

— Oui Monsieur.

— Ont-ils dit leur nom ?

— Non Monsieur, — mais ils paraissent désirer bien vivement vous voir, car depuis une semaine, ils n'ont point manqué de venir s'informer, matin et soir, si vous étiez de retour.

Martial se sentit pris d'un tremblement involontaire.

— Comtois, — dit-il, — décrivez-moi ces hommes, je vous prie.

— L'un d'eux, — répondit le valet, — est à peu près de ma taille ; il a des cheveux et des moustaches d'un blond ardent tirant sur le rouge ; — l'autre est petit et maigre ; — je le crois Anglais. — Au total, ce sont des individus de piètre mine.

— Fort bien. — Avez-vous dit que j'étais de retour ?

— Oui, Monsieur..... J'ai peut-être eu tort?...

— Pas le moins du monde.

— Faut-il aller prévenir que vous ne pouvez recevoir aujourd'hui ?

— Non pas, Comtois, — j'ai parfaitement reconnu ces messieurs au portrait que vous m'en avez tracé ; ce sont des protégés à moi, de braves et dignes gens à qui j'ai promis d'être utile. — Introduisez-les sur-le-champ.

— Oui, Monsieur.

Comtois sortit.

— Malédiction ! — s'écria Martial resté seul, — que peuvent-ils me vouloir, et pourquoi viennent-ils ici? — Malédiction! malédiction!

Au bout d'une minute la porte s'ouvrit de nouveau.

Trabucos et Dyck-Chester, introduits par le valet de pied, entrèrent dans l'appartement.

Trabucos avait le sourire sur la bouche.

Dyck-Chester promenait autour de lui un regard défiant et narquois.

Martial était pâle et se mordait convulsivement les lèvres.

Cependant il sut commander à son trouble et dit d'une voix caressante, qui contrastait étrangement avec l'extrême agitation de son visage :

— Messieurs, je suis enchanté de vous voir, — véritablement enchanté; — asseyez-vous, je vous prie. — Comtois, avancez des siéges.

Le valet obéit et se retira.

Dès qu'il eût quitté la chambre, Martial courut à la porte, poussa le verrou, et abaissa les lourdes draperies de damas, afin d'étouffer le son des voix et le bruit des paroles.

Ensuite il revint à ses visiteurs et se posa en face d'eux, le sourcil froncé, et les bras croisés sur la poitrine.

Trabucos lui tendit la main.

Martial ne la prit pas.

Il frappa le parquet du talon de sa botte et s'écria vivement :

— De par tous les diables, Messieurs, je crois que vous êtes fous!

— Fous! — répéta Trabucos, — pourquoi?

— Pourquoi? — répondit Martial, — parce qu'il faut que vous ayez complètement perdu la tête pour venir ici...

— Je ne comprends pas.

Martial haussa les épaules.

— Non, — dit de nouveau Trabucos, — non, je ne comprends pas... — Nous avons à te parler, — nous savons ton adresse, — nous venons chez toi. — Je ne vois pas où il y a de la folie là-dedans, et je ne m'explique point la raison pour laquelle tu nous reçois si mal...

— Ne pouviez-vous donc me voir ailleurs; à l'estaminet de la rue des Postes, par exemple, ou à mon logement de la rue Mazarine ?

— Non, car ce que nous avons à te dire ne souffre pas de retard, et nous ne savions quand tu jugerais convenable d'aller à l'un des deux endroits que tu viens de citer.

— Mais au moins, vous pouviez m'écrire un mot et me donner un rendez-vous.

— A quoi bon écrire, quand il est si facile de parler; — nous sommes venus, — nous sommes ici, — rien ne peut faire que nous n'y soyons pas, — quittes donc cette mine renfrognée et bourrue qui ne te va pas le moins du monde, — redeviens gentil; — donnes-nous du tabac pour bourrer nos pipes, ou des cigares si tu le préfères. — Assieds-toi sans mordre tes pouces, et causons comme un trio d'amis.

— Mais... ne pouvons-nous du moins remettre à plus tard..... cet entretien?

— Impossible! — répliqua Trabucos, — IL FAUT qu'il ait lieu tout de suite!

A la manière dont fut accentuée cette dernière phrase, Martial se sentit à son tour dominé par son complice.

Il courba la tête et s'assit.

FIN DU PREMIER VOLUME

TABLE

INTRODUCTION.

Le marché de la confession. 1

PROLOGUE.

UN DRAME EN FAMILLE.

CHAP. I. Un intérieur. 45
II. Le vase royal. 63
III. L'entrevue. 85
IV. Voleur! 115
V. M. Fabuleux. 129
VI. L'Estaminet. 147
VII. Entente cordiale. 165
VIII. La petite Maison. 179
IX. L'Allée de la Santé. 199
X. La Sage-femme. 215
XI. Trois écrits. 231
XII. Monsieur de Préaulx. 253
XIII. Suzanne. 267
XIV. Les complices. 297

Impr. de E. Dépée, à Sceaux.

EN VENTE.

LE COLLIER DE LA REINE,
4 volumes in-8.

LA RÉGENCE,
2 volumes in-8.

Cet Ouvrage n'a pas paru dans les Journaux.

LE VÉLOCE,
2 volumes in-8.

Cet Ouvrage n'a pas paru dans les Journaux.

SOUS PRESSE :

LOUIS QUINZE,
Cet Ouvrage ne paraîtra pas dans les Journaux.

LES MILLE ET UN FANTOMES,
2 volumes in-8.

www.ingramcontent.com/pod-product-compliance
Lightning Source LLC
Chambersburg PA
CBHW060352170426
43199CB00013B/1844